Adam J. Jackson
DIE ZEHN GEHEIMNISSE
DER LIEBE

Adam J. Jackson

Die zehn Geheimnisse
der Liebe

Aus dem Englischen von
Inge Holm

Droemer

Von Adam J. Jackson ist außerdem erschienen:
Die zehn Geheimnisse des Glücks (Band 27040)

Dieses Buch wurde auf chlor- und säurefreiem Papier gedruckt.

Deutsche Erstausgabe September 1997
© 1997 für die deutschsprachige Ausgabe
Droemersche Verlagsanstalt Th. Knaur Nachf., München
Titel der Originalausgabe: »The Secrets of Abundant Love«
Copyright © 1996 by Adam J. Jackson
Originalverlag: Thorsons; HarperCollins
Einbandgestaltung: Agentur ZERO, München
Satz: Ventura Publisher im Verlag
Druck und Bindung: Franz Spiegel Buch GmbH, Ulm
Printed in Germany
ISBN 3-426-27029-3

8   10   9   7

Meiner Frau Karen
sowie meinen Kindern Sophie und Samuel
in immerwährender Liebe gewidmet

INHALT

Danksagungen 9
Einführung 11

Der Hochzeitsgast 13
Das Treffen 16
Das erste Geheimnis – Die Kraft der Gedanken 31
Das zweite Geheimnis – Die Kraft des Respekts 47
Das dritte Geheimnis – Die Kraft des Gebens 58
Das vierte Geheimnis – Die Kraft der Freundschaft 73
Das fünfte Geheimnis – Die Kraft der Berührung 83
Das sechste Geheimnis – Die Kraft des Loslassens 93
Das siebte Geheimnis – Die Kraft der Kommunikation 104
Das achte Geheimnis – Die Kraft der Verpflichtung 116
Das neunte Geheimnis – Die Kraft der Leidenschaft 128
Das zehnte Geheimnis – Die Kraft des Vertrauens 138

Epilog 151

Danksagungen

Ich möchte all jenen Menschen danken, die mir bei meiner Arbeit und beim Schreiben dieses Buches halfen. Mein besonderer Dank gilt: Meiner Literaturagentin Sara Menguc und ihrer Assistentin Georgia Glover für die Mühe und Arbeit, die sie um meinetwillen auf sich nahmen; allen bei Thorsons Beschäftigten, besonders Erica Smith für ihre Begeisterung und ihre schöpferischen Kommentare, mit denen sie die gesamte Niederschrift dieses Buches begleitete, und Fiona Brown, die das Manuskript redigierte; meiner Mutter, die mich stets zum Schreiben ermutigte und mir eine ständige Quelle der Inspiration und Liebe ist; meinem Vater für seine Unterstützung und Unterweisung sowie meiner Familie und meinen Freunden für ihre Liebe; schließlich Karen, meiner Frau, meiner besten Freundin und meiner objektivsten Lektorin. Mir fehlen die Worte, um meine Liebe zu ihr zu beschreiben, die stets Vertrauen in mich hatte und an meine Arbeit glaubte.

Einführung

Die besten und schönsten Dinge auf dieser Welt
kann man weder sehen noch berühren, sondern
nur im Herzen spüren.

Helen Keller

WIR ALLE SEHNEN uns, mehr vielleicht als nach allem anderen,
nach Liebe und liebevollen Beziehungen. Wir alle suchen
nach der einen, ganz besonderen Beziehung. Doch warum leben dann so viele Menschen allein, suchend und hoffend,
ohne je zu finden? Weshalb gibt es, wenn wir uns derart nach
Liebe sehnen, so viele Scheidungen, so viele zerrüttete Familien? Warum gibt es so viele alleinerziehende Mütter und Vä-
ter? Warum fühlen sich in den geschäftigen Städten so viele
Menschen allein und isoliert? Kann es sein, daß wir immer am
falschen Ort nach Liebe gesucht haben?
Liebe ist nicht, wie viele meinen, eine Sache des Schicksals
oder des Glücks. Liebe ist nichts, das uns unvermittelt über-

fällt und wieder verläßt, sondern etwas, das wir selbst schaffen können … wir alle haben die Macht, sie zu erschaffen. Wir alle können lieben und geliebt werden; jeder besitzt die Fähigkeit, liebevolle Beziehungen zu schaffen. Ob wir nun einsam und allein oder in einer unglücklichen, überlebten Beziehung leben – das Leben kann sich ändern. Wir haben die Macht, es zu ändern.

Anders als in den meisten Parabeln basieren die in diesem Buch vorgestellten Charaktere auf lebenden Menschen, deren Namen ich natürlich geändert habe. Ich hoffe, daß meine Geschichten Sie ebenso inspirieren wie mich und Ihnen in Erinnerung rufen, wie das Leben eigentlich sein sollte: voller Freude, Staunen und unerschöpflicher Liebe.

Adam Jackson
Hertfordshire, Juli 1995

DER HOCHZEITSGAST

SIE HÄTTEN IHN vermutlich nicht bemerkt. Keinem der über zweihundert Gäste fiel er auf. Er saß allein an einem Tisch am anderen Ende des Saales: ein junger Mann, Ende Zwanzig, durchschnittliches Aussehen, der wie die meisten anwesenden Männer einen schwarzen Smoking trug.

Dennoch hatte er das Gefühl, im Mittelpunkt zu stehen, die Aufmerksamkeit der anderen auf sich zu ziehen. Alle, die während des Essens an seinem Tisch gesessen hatten, tanzten jetzt. Doch da unser junger Mann von Natur aus scheu und zudem ohne Begleiterin war, beschloß er, sitzen zu bleiben und das Treiben zu beobachten.

Es war unbestreitbar ein großartiger Hochzeitsempfang gewesen. Das Brautpaar hatte weder Mühe noch Kosten gescheut. Champagner, Cocktails, gefolgt von einem Menü mit sechs Gängen, und zwischen den einzelnen Gängen konnte zu den Klängen einer Jazzband getanzt werden. Schon allein der Rahmen war aufsehenerregend: der Bankettsaal eines der vornehmsten Hotels der Stadt. Doch trotz aller Pracht und Herrlichkeit konnte der junge Mann den Empfang nicht genießen. Er war nie ein geselliger Mensch gewesen, und mit 200 Fremden in einem Raum zusammenzusein entsprach nicht seiner Vorstellung von Amüsement. Der einzige ihm bekannte Mensch war der Bräutigam, ein alter Freund, den er seit Jahren nicht mehr gesehen hatte. Der junge Mann fragte sich, warum er überhaupt eingeladen worden war.

Er sah seinen Freund mit der frischgebackenen Ehefrau Wange an Wange tanzen. Sie sahen so glücklich aus, daß der junge Mann sich neidisch fragte, ob und wann er jemals so glücklich werden würde.

»Woran liegt es«, dachte er, »daß andere Menschen heiraten, sich niederlassen und Kinder bekommen, während ich eine Beziehung nur wenige Monate lang aufrechterhalten kann?« Es war kein Problem, Mädchen zu finden, die sich mit ihm verabredeten – die Schwierigkeit bestand darin, das richtige Mädchen zu finden, eine Frau, mit der er für den Rest seines Lebens zusammenbleiben wollte.

Manchmal stimmte ihn allein schon der Gedanke an seine Lage traurig. Dann glaubte er, daß etwas mit ihm nicht stimmen könne, daß er zu einer langfristigen oder tiefen Beziehung nicht fähig sei. Ein andermal sagte er sich, daß er einfach kein Glück habe. Vielleicht war aber auch alles vorherbestimmt, wie Freunde ihm erklärt hatten. Entweder würde die Liebe seinen Weg kreuzen – oder auch nicht. Er konnte sein Geschick nicht ändern.

Nur ein einziges Mal, vor zwei Jahren, hatte er geglaubt, die Liebe seines Lebens gefunden zu haben. Aber die Beziehung hatte nur drei Monate gedauert. Nach der Trennung war er untröstlich gewesen, hatte wochenlang kaum essen und schlafen können und hatte beschlossen, niemandem mehr zu erlauben, ihn derart zu verletzen.

Als er die Paare beobachtete, die Arm in Arm nebeneinandersaßen und lachten oder tanzten und sangen, sagte er sich, daß es besser war, einsam und allein zu sein. Wie viele Beziehungen hielten denn ein Leben lang? Wie viele Menschen blieben denn für immer zusammen? Wenigstens war er als Single vor Trennungs- und Verlustschmerz gefeit. Und er war unabhängig, frei. Er konnte, wann immer er wollte, gehen, wohin er wollte.

Doch als er sich im Saal umschaute, machte der junge Mann eine verwirrende Entdeckung, eine Entdeckung, die ihn daran gemahnte, daß Liebe möglich war und daß es so etwas wie dauerhafte, liebevolle Beziehungen gab. Mitten auf der Tanzfläche sah er ein älteres Paar engumschlungen tanzen, sich in die Augen schauen und lächeln. Und er fragte sich, ob nicht auch auf ihn irgendwo irgendwer wartete.

15

DAS TREFFEN

»SIND SIE ALLEIN hier?« Als der junge Mann sich umwandte, sah er einen Chinesen neben sich stehen. Einen kleinen Mann mit einem schneeweißen Haarkranz und großen, freundlichen, braunen Augen, die sein Gesicht erhellten, wenn er lächelte. Wie die meisten Männer im Festsaal trug auch er einen Smoking, ein weißes Hemd und eine schwarze Fliege.

»Ja«, erwiderte der junge Mann lächelnd.

»Ich auch«, sagte der alte Mann. »Haben Sie etwas dagegen, wenn ich mich zu Ihnen setze?«

»Nein«, antwortete der junge Mann.

»Eine schöne Hochzeit, nicht wahr?«

»Wenn Sie solche Feiern mögen«, erwiderte der junge Mann.

»Weshalb sollte mir eine Hochzeitsfeier nicht gefallen?« fragte der alte Mann.

»Nun, heutzutage ist es doch kaum mehr als eine Farce«, sagte der junge Mann und lehnte sich auf seinem Stuhl zurück.

»Was?« fragte der alte Chinese.

»Eine Hochzeit.«

»Nun, eine Hochzeit ist nur dann eine Farce, wenn das Paar sich nicht liebt«, erwiderte der alte Mann.

»Liebe!« rief der junge Mann aus. »Was ist Liebe? Leute verlieben sich und verlassen einander. Erst beten sie sich an, und am nächsten Tag ist ihnen der Anblick des anderen zuwider. Meiner Meinung nach wird die Liebe überschätzt; sie scheint doch nur Herzschmerz und Traurigkeit zu bringen.«

»Es ist leicht, zynisch zu sein«, erwiderte der alte Mann, »aber ich versichere Ihnen, Sie können in Ihrem Leben keinen größeren Fehler machen, als die Liebe zu verspotten.« Der junge Mann drehte sich um und schaute dem alten Chinesen ins Gesicht. »Warum?« fragte er.

»Lassen Sie sich von einem alten Mann einen Rat geben«, sagte der Chinese. »Am Ende Ihres Lebens wird das einzige, was je Bedeutung hatte, die Liebe sein, die Sie schenkten und geschenkt bekamen. Bei Ihrer Reise in die andere Welt werden Sie nur die Liebe mitnehmen, und das einzig Wertvolle, daß Sie in dieser Welt zurücklassen, wird die Liebe sein. Nur die Liebe. Sonst nichts. Ich habe Menschen kennengelernt, die jedes schwere Geschick frohgemut erduldeten, aber noch niemanden, der ein liebloses Leben ertragen konnte. Und deshalb ist die Liebe das größte Geschenk«, erklärte der alte Mann. »Sie gibt dem Leben einen Sinn. Sie macht das Leben lebenswert.«

»Da bin ich mir nicht so sicher«, murmelte der junge Mann, während er sich abwandte.

»Warum nicht?« fragte der Chinese.

Der junge Mann zögerte einen Augenblick, bevor er antwortete: »Sie kennen meine Meinung: Ich halte die Liebe auf den ersten Blick für einen romantischen Mythos. Wir alle hoffen, eines Tages jemanden zu treffen, in den wir uns auf der Stelle verlieben. Nun, das mag geschehen, aber die Liebe wird nicht von Dauer sein.«

»Ah ... ich verstehe«, sagte der alte Mann. »Sie haben vollkommen recht. Die Liebe auf den ersten Blick ist ein romantischer Mythos!«

Der junge Mann schaute den Chinesen verblüfft an. »Einen Augenblick ... ich dachte ...«

»Liebe überkommt uns nicht aus heiterem Himmel«, fuhr der alte Mann lächelnd fort. »Wir bauen sie auf. Wir besitzen die Fähigkeit, Liebe zu erschaffen. Die Menschen machen einen Fehler. Sie stellen sich vor, sie würden eines Tages, wenn sie die Straße entlanggehen, jemanden sehen und – *peng!* Aber das ist keine Liebe.«

»Was sonst?« unterbrach ihn der junge Mann.

»Körperliche Anziehung, Verliebtheit. Aber auf keinen Fall

Liebe! Zugegeben, Liebe kann auch aus gegenseitiger körperlicher Anziehung erwachsen, aber die wirkliche Liebe ist niemals nur körperlich. Um einen anderen zu lieben – ihn wirklich zu lieben –, muß man ihn verstehen, ihn kennen und respektieren. Und aufrichtig an seinem Wohlergehen interessiert sein. Es ist wie beim Apfelkuchen.«

»Wie bitte?« fragte der junge Mann.

»Können Sie allein aus dem Äußeren des Apfelkuchens schließen, ob er gut ist?« wollte der Chinese wissen.

»Nein. Das kann ich erst sagen, wenn ich ihn probiert habe«, erwiderte der junge Mann.

»Gut. Mit anderen Worten: Sie müssen ihn nicht nur von außen, sondern auch innen kennenlernen. Würden Sie dem zustimmen?«

»Ja.«

»Das gleiche gilt auch für Menschen«, erklärte der alte Mann. »Sie können nicht allein vom Äußeren auf den ganzen Menschen schließen. Um jemanden vollkommen zu lieben, muß man sein Inneres kennenlernen – sein Wesen, seinen Geist oder seine Seele; etwas, das sich dem bloßen Auge entzieht. In der Liebe kann man die wichtigsten Dinge nur mit dem Herzen sehen.

Deshalb sind dauerhafte, liebevolle Beziehungen kein Werk des Zufalls. Sie fallen nicht einfach vom Himmel und sind nicht auf Glück zurückzuführen. Nein, sie wurden gehegt und gepflegt.«

»Wie?« wollte der junge Mann wissen.

»Als ich noch ein kleiner Junge war, lehrte meine Mutter mich die goldene Regel der Liebe«, erklärte der alte Mann. »Eine sehr einfache Regel: ›Wenn du geliebt werden möchtest, mußt du lieben.‹

Wir besitzen die Macht zu lieben, geliebt zu werden und liebevolle Beziehungen zu schaffen. Deshalb ist es so traurig, wenn Menschen sich dagegen entscheiden.«

»Wie können Sie so etwas sagen?« wandte der junge Mann entrüstet ein. »Weshalb sollte jemand sich entschließen, ohne Liebe zu leben?«

Der Alte schaute dem Jungen gerade in die Augen und erwiderte: »Einige Menschen entscheiden sich gegen die Liebe, weil sie den Schmerz fürchten, den Trennung und Verlust mit sich bringen.« Der junge Mann spürte, wie er bei den Worten des alten Mannes rot wurde, wie es ihm die Kehle zuschnürte. Er fühlte sich unwohl. Ihm war, als könne der alte Mann seine Gedanken lesen.

»Ich versichere Ihnen«, fuhr der Chinese fort, »daß Liebe für jeden Menschen verfügbar ist; man muß sich nur für sie entscheiden.« Der Chinese wies durch ein Nicken auf ein streitendes Paar an einem der Nebentische hin. »Die beiden sind ein gutes Beispiel: zwei Menschen, die lieber eine Auseinandersetzung als die Liebe gewinnen möchten. Das Leben steckt voller Entscheidungen. Wir können wählen, recht zu haben oder geliebt zu werden; zu vergeben oder uns zu rächen. Wir können wählen, allein zu bleiben. Oder wir entscheiden uns für einen Gefährten. Es liegt an uns. Wir haben die Wahl. Menschen, in deren Leben es an liebevollen Beziehungen mangelt, wollen es, bewußt oder unbewußt, sehr oft auch so.«

»Sie wollen es so?« wiederholte der junge Mann.

»Natürlich. Wo immer Sie im Leben stehen, in welcher Lage Sie sich auch befinden mögen – Sie haben es so gewollt. Ob Sie nun einsam und allein, ob Sie in einer Beziehung glücklich oder unglücklich sind – Sie sind es nur aus einem einzigen Grund: weil Sie es so gewollt haben. Und nur Sie haben die Macht, es zu ändern!

Viele Menschen glauben, in ihrem Leben könne es nur Liebe geben, wenn sie sie in jemand anderem finden. Aber das ist ein Irrtum. Sie denken, sie würden die Liebe kennenlernen, sobald die oder der Richtige in ihr Leben tritt. Doch in Wahrheit werden sie die Liebe im anderen erst finden, wenn sie sie in sich selbst gefunden haben.

Sie sind das, was Sie im Leben bekommen, und was Sie bekommen, ist das, was Sie sind. Nicht die Beziehungen bringen uns die Liebe, sondern wir bringen Liebe in Beziehungen. Wenn wir voller Liebe sind, erwachsen auch liebevolle Beziehungen daraus. Deshalb kann jeder lieben und geliebt werden, und, egal in welcher Lebenslage er sich befindet, liebevolle Beziehungen aufbauen.«

»Mag sein«, sagte der junge Mann, »aber man muß immer noch das Glück haben, die oder den Richtigen zu treffen. Jemanden, den man attraktiv findet.«

»Glück hat damit nichts zu tun«, erwiderte der alte Mann.

»Gut. Dann eben Schicksal.«

Der alte Mann lächelte. »Das Schicksal kann hilfreich sein und ist es meistens – aber auch Sie müssen Ihre Rolle spielen. Sie werden niemanden kennenlernen, wenn Sie allein in einer Ecke sitzen. Sie müssen aufstehen und etwas dafür tun.«

»Das ist nicht immer einfach«, protestierte der junge Mann.

»Niemand sagt, daß es einfach ist«, erwiderte der Chinese. »Doch um Liebe zu bekommen, müssen Sie Ihre Ängste loslassen und die sich Ihnen bietenden Gelegenheiten beim Schopfe fassen.«

»Welche Gelegenheiten?« fragte der junge Mann.

»In meinem Land gibt es eine alte Geschichte von einem Mann, der eines Nachts von einem Engel besucht wurde. Der Engel erzählte ihm von großartigen Dingen, die vor ihm lägen: Er werde die Gelegenheit haben, großen Reichtum zu erwerben, sich eine hervorragende und angesehene Stellung in der Gesellschaft zu verdienen und eine wunderschöne Frau zu heiraten.

Sein Leben lang wartete der Mann auf die versprochenen Wunder, doch nichts geschah. Schließlich starb er als einsamer, armer alter Mann. An der Himmelspforte sah er den Engel, der ihn vor vielen Jahren besucht hatte, wieder und begehrte auf: ›Du hast mir großen Reichtum, eine hohe gesellschaftliche Stellung und eine wunderschöne Frau versprochen. Mein Leben lang habe ich darauf gewartet … aber nichts von alledem ist eingetroffen.‹

›Ein solches Versprechen habe ich dir nie gegeben‹, erwiderte der Engel. ›Ich versprach dir die *Gelegenheit,* Reichtum und eine angesehene Stellung in der Gesellschaft zu erwerben und eine wunderschöne Frau zu heiraten. Aber du hast sie ungenutzt verstreichen lassen.‹

Der Mann war verwirrt. ›Ich verstehe nicht‹, sagte er.

›Erinnerst du dich noch an die riskante Geschäftsidee, die du aufgabst, weil du Angst vor dem Mißerfolg hattest?‹

Der Mann nickte.

›Weil du dich geweigert hast, sie auszuführen, wurde die gleiche Idee Jahre später einem anderen Mann eingegeben, der sich nicht von seiner Angst aufhalten ließ. Wie du dich erinnern wirst, wurde er der reichste Mann des Königreichs.

Vielleicht kannst du dich auch noch an das große Erdbeben erinnern, das die Stadt erschütterte, die großen Häuser zerstörte und Tausende von Menschen wie in einer Falle zurückließ. Du hattest die Gelegenheit, andere Überlebende zu retten. Aber du fürchtetest, während deiner Abwesenheit könnten Plünderer dein Heim überfallen und dir deine Besitztümer rauben. Also hast du die Bitten um Hilfe ignoriert und bist zu Hause geblieben.‹

Der Mann nickte beschämt.

›Das wäre eine großartige Gelegenheit gewesen, Hunderte von Menschenleben zu retten und von den Überlebenden geehrt zu werden‹, erklärte der Engel.

›Und erinnerst du dich noch an die Frau, die wunderschöne, rothaarige Frau, zu der du dich so sehr hingezogen fühltest? Sie, die so anders war als jede Frau vor und nach ihr, von der du glaubtest, daß sie niemals jemanden wie dich heiraten würde, und die du aus Angst vor Zurückweisung stehengelassen hast?‹

Wieder nickte der Mann, doch diesmal standen Tränen in seinen Augen.

›Ja, mein Freund‹, sagte der Engel. ›Sie wäre deine Frau geworden; durch sie wärest du mit vielen hübschen Kindern gesegnet worden. Mit ihr hätte sich das Glück in deinem Leben vervielfacht.‹

Uns bieten sich Tag für Tag unzählige Gelegenheiten, darunter auch die zur Liebe, doch allzuoft lassen wir uns, wie der Mann in der Geschichte, durch unsere Angst davon abhalten, sie zu ergreifen.«

»Angst?« fragte der junge Mann spöttisch.

»Ja, Angst. Wir gehen nicht auf Menschen zu, weil wir eine Zurückweisung fürchten, wir sprechen nicht über unsere Gefühle, aus Angst, uns lächerlich zu machen, und wir gehen keine Bindung ein, weil wir den Verlust fürchten.«

Dem jungen Mann fielen all die Gelegenheiten ein, in denen seine Angst, zurückgewiesen zu werden, ihn davon abgehalten hatte, die Mädchen anzusprechen, zu denen er sich hingezogen gefühlt hatte. Er seufzte bei dem Gedanken an all jene verpaßten Gelegenheiten.

»Aber«, fuhr der alte Mann fort, »wir haben gegenüber dem Mann in der Geschichte einen Vorteil.«

»Und der wäre?« fragte der junge Mann leise.

»Wir sind noch nicht tot. Wir können anfangen, die Gelegenheiten beim Schopf zu ergreifen. Wir können beginnen, uns unsere eigenen Gelegenheiten zu schaffen.«

Der junge Mann konnte dem Gesagten nur zustimmen. Auch er hatte immer angenommen, Liebe und liebevolle Beziehungen seien eine Sache des Glücks oder des Schicksals: Entweder man trifft den richtigen Menschen oder nicht. Auch er hatte angenommen, es würde immer so ablaufen: Man sieht jemanden, ist sofort von ihm angetan und verliebt sich. Aber jetzt war er nicht mehr so sicher.

Der alte Mann stand auf. »Eine liebevolle Beziehung stellt sich erst ein, wenn Sie zu lieben gelernt haben. Sobald Sie ein liebevoller Mensch geworden sind, ändern sich auch Ihre Beziehungen.«

»Und Sie behaupten, jeder könne lernen zu lieben?« sagte der junge Mann.

»Ja.« Der Alte lächelte. »Lieben ist die natürlichste Sache von der Welt – sich selbst, andere und das Leben lieben. Ganz gleich, in welcher Lage wir uns befinden mögen, wir besitzen die Macht, zu lieben und geliebt zu werden und uns unerschöpflicher Liebe zu erfreuen. Wir müssen nur die zehn Geheimnisse kennen.«

»Welche zehn Geheimnisse?«

»Die zehn Geheimnisse der Liebe.«

»Die zehn Geheimnisse der Liebe?« echote der junge Mann verwirrt. »Was sind das für Geheimnisse?«

»Die zehn Geheimnisse der Liebe wurden erstmals vor vielen tausend Jahren von Weisen und Propheten erwähnt. Es gibt zehn Regeln, durch die Sie nicht nur Liebe, sondern Liebe im Überfluß schaffen können, die Sie Ihr Leben lang begleiten wird.«

»Sie machen Witze, oder?« fragte der junge Mann. »Wollen Sie damit sagen, daß jeder Liebe und liebevolle Beziehungen finden kann?«

»Nein. Ich sage, daß jeder Liebe und liebevolle Beziehungen *schaffen* kann«, erwiderte der alte Mann.

»Wie können Sie da so sicher sein?« fragte der junge Mann.

»Wenn ich in die Hände klatsche, erzeuge ich dann nicht ein Geräusch? Wenn ich gegen diesen Tisch stoße, wird er sich nicht bewegen? Es gibt Naturgesetze, universelle Gesetze, die alles leiten, alles lenken, von der Bewegung der Wellen bis zum Sonnenuntergang. Alles wird von unfehlbaren Gesetzen gelenkt. Unsere Wissenschaftler haben viele dieser Gesetze entdeckt – die Gesetze der Physik, der Bewegung, der Schwerkraft. Aber es gibt noch andere Gesetze – Gesetze, die mit der menschlichen Natur zu tun haben, der Gesundheit, dem Glück und … der Liebe.«

»Gesetze, die sich auf die Liebe beziehen?« rief der junge Mann. »Falls diese – *Gesetze*, wie Sie sie nennen, existieren, warum kennen wir sie dann nicht?«

»Weil wir zuweilen von unserem Weg abkommen. Manchmal, wenn wir entmutigt und desillusioniert sind, vergessen wir sie – dann müssen wir wieder daran erinnert werden.

Ohne Liebe«, fuhr der alte Mann fort, »kann es auf der Welt sehr kalt und einsam sein. Aber mit Liebe verwandelt sie sich in ein Paradies. Thornton Wilder, einer der größten amerikanischen Dichter, schrieb einmal: ›Es gibt ein Land der Lebenden und ein Land der Toten, und die Brücke ist die Liebe ... das einzige Überleben, der einzige Sinn.‹ Folgen Sie den Geheimnissen der unerschöpflichen Liebe, und Sie werden diesen Sinn finden, und Ihre Welt, Ihr Leben, wird sich verändern.«

»Aber wie?« fragte der junge Mann.

Der alte Mann lächelte, als er dem jungen ein Blatt Papier gab. Der junge Mann betrachtete es eingehend, aber es standen nur zehn Namen und Telefonnummern darauf. Er drehte das Blatt erwartungsvoll um, doch die Rückseite war leer.

»Was ist das?« fragte er und blickte hoch ... aber der alte Mann war verschwunden. Der junge Mann stand auf und schaute sich in dem Saal um. Er stieg sogar auf den Stuhl, um einen besseren Überblick zu haben – aber der alte Mann war wie vom Erdboden verschluckt. Dann setzte sich der junge Mann wieder hin, um auf den Chinesen zu warten, aber eine halbe Stunde später wußte er, daß er den alten Mann an diesem Abend nicht wiedersehen würde.

Bevor er ging, verabschiedete er sich von dem Brautpaar. Nachdem er sich für die Einladung bedankt und das junge Paar beglückwünscht hatte, fragte er die beiden nach dem alten Mann. Braut und Bräutigam waren sicher, daß kein alter

Chinese auf ihrer Einladungsliste gestanden hatte. Der junge Mann folgerte daraus, daß der alte Mann ein Kellner gewesen sein mußte. Also fragte er beim Hinausgehen den Oberkellner, wo er den alten Chinesen finden könne, der für ihn arbeite. Aber auch der Oberkellner wußte nichts von einem alten Chinesen, und unter seinen Mitarbeitern war niemand, auf den diese Beschreibung zutraf.

Der junge Mann war verwirrt. Wer war dieser alte Chinese? Woher kam er? Und wie sahen die zehn Geheimnisse der Liebe aus, die er erwähnt hatte? Als er die Hochzeitsfeier verließ, ein Blatt Papier mit zehn Namen und zehn Telefonnummern fest umklammernd, wußte er, daß es nur einen Weg gab, das herauszufinden.

Das erste Geheimnis
DIE KRAFT DER GEDANKEN

AM FOLGENDEN TAG rief der junge Mann alle Personen an, die auf der Liste standen. Zehn völlig fremde Menschen anzurufen und sie nach den »Zehn Geheimnissen der Liebe« zu fragen machte ihn nervös und ein wenig verlegen. Aber zu seiner Verwunderung schienen alle genau zu wissen, wovon er sprach, und über seinen Anruf ehrlich erfreut zu sein. Er machte mit jedem von ihnen einen Termin aus.

Der junge Mann war besonders neugierig auf die erste Person auf seiner Liste. Dr. Hugo Puchia, emeritierter Professor für Soziologie, war in Akademikerkreisen wohlbekannt wegen seiner freimütigen Ansichten über menschliche Beziehungen. Er hatte mehrere Bestseller geschrieben und war gerngesehener Gast im Rundfunk und bei Talkshows im Fernsehen. Dr. Puchia war der Meinung, daß die Menschheit in ihrem wissenschaftlichen und wirtschaftlichen Streben die wesentlichen Dinge des Lebens übersehen hatte. Er zitierte oft die uralte Prophezeiung der Kri-Indianer:

Erst wenn der letzte Baum gefällt, erst wenn der letzte Fluß vergiftet, erst wenn der letzte Fisch gefangen ist, werden wir erkennen, daß man Geld nicht essen kann.

Dr. Puchia war ein großer und recht geselliger Mann Mitte Sechzig. Er hatte schulterlanges, weißes Haar und ein freundliches, fast jungenhaftes Gesicht, das ihn zehn Jahre jünger aussehen ließ. Dr. Puchia hieß den jungen Mann mit offenen Armen willkommen und umarmte ihn wie einen lang erwarteten Freund. Der junge Mann wußte nicht, wie er reagieren sollte. Er war es nicht gewohnt, jemanden zu umarmen. Er umarmte nie jemanden, selbst seine engsten Verwandten nicht. Eine Begrüßung beschränkte sich bei ihm auf ein eher beiläufiges Händeschütteln.

»Also haben Sie den alten Mann gestern getroffen?« fragte Dr. Puchia, während er den jungen Mann mit einer Geste einlud, Platz zu nehmen. »Wie geht es ihm?«

»Soweit ich sehen konnte, sehr gut«, erwiderte der junge Mann, während er sich setzte. »Wer ist dieser Mann? Woher kommt er?«

»Das weiß ich ebensowenig wie Sie. Ich bin ihm nur ein einziges Mal begegnet – vor über dreißig Jahren. Aber er hat meine Einstellung zum Lehren und Leben verändert.

Ich lernte ihn kurz nach meiner Anstellung an der hiesigen Universität kennen. Mir waren sechs Klassen mit Studenten im ersten Semester zugeteilt worden. Nach zehn Wochen fiel mir auf, daß eine Studentin fehlte. Eine hübsche, lebensfrohe, intelligente junge Frau, die in ihrer bisherigen Arbeit großes Einfühlungsvermögen bewiesen hatte. Es war bereits die dritte Woche, in der sie fehlte. Ich fragte die Studenten, die neben ihr gesessen hatten, wo sie sei. Sie werden es nicht glauben – ihre Mitstudenten wußten noch nicht einmal ihre Adresse. Es schien sie überhaupt nicht zu interessieren, wo sie war. Sie kannten nicht einmal ihren Namen!

Nach der Vorlesung ging ich zur Verwaltung, um herauszufinden, wo die Studentin wohnte und weshalb sie nicht zu den Vorlesungen erschienen war. ›Tut mir leid. Ich dachte, Sie wüßten es‹, sagte die Verwaltungsbeamtin. Sie nahm mich mit in ihr Büro und erklärte mir, die gesuchte Studentin habe zwei Wochen zuvor Selbstmord begangen. Das hübsche junge Mädchen hatte sich von einem zehnstöckigen Wohnhaus gestürzt.

Ich ging in die Lobby, setzte mich, bis ins Innerste erschüttert, und fragte mich, weshalb eine Studentin mit einem derartigen Potential ihrem Leben ein Ende setzte. Ich weiß nicht, wie lange ich dort saß, bevor ich ihn schließlich neben mir bemerkte.«

»Wen?« unterbrach ihn der junge Mann.

»Den alten Chinesen«, erwiderte Dr. Puchia. »Er fragte mich, was mich quäle. Also erzählte ich ihm die ganze Geschichte. Er verstummte, dann schaute er mich an und sagte etwas, das ich nie vergessen werde: ›Wissen Sie, wir bringen Schülern das Lesen und Schreiben bei, das Addieren und Subtrahieren. Wir lehren sie das, was unserer Meinung nach zu einer angemessenen Bildung gehört, aber wir vernachlässigen das Wichtigste ... wie man liebt.‹

Seine Worte trafen mich wie ein Hammer. Genau das hatte ich intuitiv gespürt, aber nie artikulieren können. Dann sprachen wir über die Liebe und das Leben. Durch den alten Mann hörte ich zum ersten Mal von den Geheimnissen der Liebe – von zehn zeitlosen Regeln, durch die wir Liebe in unser und das Leben der Menschen in unserer Umgebung bringen können.«

»Wollen Sie damit sagen, daß diese ›Geheimnisse‹ wirklich funktionieren?« unterbrach ihn der junge Mann.

»Nun, bei mir haben sie funktioniert, und Hunderte von Studenten können bezeugen, daß auch ihnen diese Regeln halfen«, erklärte Dr. Puchia.

»Das klingt unglaublich – zu schön, um wahr zu sein«, sagte der junge Mann. »Warum befolgt nicht jeder diese Regeln, wenn es so leicht ist?«

»Das ist eine gute Frage«, antwortete Dr. Puchia. »Tief in unserem Innersten sehnen wir uns nach Liebe, mehr als nach allem anderen. Aber vermutlich vergessen wir es manchmal einfach. Wir kommen vom Weg ab, weil wir andere Ziele verfolgen – zum Beispiel unsere Karriere, mehr Geld, die Anhäufung von Reichtümern. Wir streben nach Müßiggang und Unterhaltung und verlieren die wichtigsten Dinge des Lebens aus den Augen – und was ist wichtiger als Liebe?«

Der junge Mann machte sich Notizen, während Dr. Puchia fortfuhr.

»Bevor der alte Chinese ging, gab er mir einen Zettel mit Namen und Telefonnummern. In den folgenden Wochen nahm ich Kontakt zu all diesen Menschen auf. Sie lehrten mich einfache, nützliche Methoden, diese Liebe zu erfahren. Sie zeigten mir Wege, dauerhafte, liebevolle Beziehungen aufbauen zu lernen. Alle zehn Geheimnisse sind von gleicher Wichtigkeit, doch wurde mein Leben von einem davon ganz besonders geprägt … von der Kraft der Gedanken.«

»Der Gedanken?« fragte der junge Mann.

»Ja. Es ist eine einfache, aber nicht zu leugnende Tatsache, daß wir das bekommen, was wir denken. Wenn unsere Gedanken von Wut beherrscht werden, werden wir Wut erfahren, haben wir aufgeregte Gedanken, werden wir Aufregung erleben, wenn wir glücklich sind, werden wir Glück erleben … und wenn wir liebevolle Gedanken hegen, werden wir Liebe erfahren. Ändere deine Gedanken, und du wirst deine Erfahrungen verändern. So einfach ist das.«

Der junge Mann blickte auf. »In der Theorie klingt das ja alles recht einfach, aber ich bin mir nicht sicher, ob es in der Praxis auch so leicht ist.«

»Stimmt – es ist nicht immer leicht, deshalb heißt es ja auch: ›Derjenige, der seinen Geist bezwingt, ist bedeutender als jener, der Städte erobert.‹ Aber es ist möglich. Wir alle entscheiden uns für bestimmte Ansichten, bestimmte Meinungen. Doch während wir heranwachsen, wird uns oft beigebracht, die falschen Ansichten zu wählen. Man lehrt uns, andere Menschen zu verurteilen und Menschen, die sich von uns unterscheiden, zu diskriminieren. Aber Kinder kümmern sich nicht um Unterschiede im Glauben oder in der Hautfarbe, sie sehen nur den Menschen. Liebe ein Kind, und das Kind wird dich wiederlieben. Denn es gehört zu unserer Natur, einander zu lieben. Das Problem ist, daß die Vorstellung, die das Kind von der Liebe hat, hauptsächlich von seinen Eltern geprägt wird.«

»Was wollen Sie damit sagen?« fragte der junge Mann.

»Nun, die Art und Weise, wie die Eltern einander und ihre Kinder behandeln, entscheidet über die Vorstellung des Kindes von der Liebe.

Wenn Kinder ständig angeschrien und geschlagen werden, werden sie notwendigerweise zu dem Schluß kommen, es sei ein annehmbares, liebevolles Verhalten, jemanden anzuschreien oder zu schlagen. Deshalb müssen wir oft neu lernen, was Liebe wirklich ist und was es bedeutet, geliebt zu werden. Wir müssen unsere Überzeugungen und Einstellungen über die Liebe ändern.«

»Aber wie können wir eine jahrelange Konditionierung ungeschehen machen?« fragte der junge Mann.

»Durch Affirmationen.«

»Was ist eine Affirmation?«

»Eine Affirmation ist eine Behauptung, die, wenn man sie oft genug laut oder stumm wiederholt, Gedanken und Überzeugungen verändert. Falls Sie beispielsweise glauben, Sie wären zu dauerhaften, liebevollen Beziehungen nicht fähig, könnten Sie mit folgenden Affirmationen beginnen:

›Ich erzeuge Liebe in meinem Leben, indem ich liebevoll bin. Heute werde ich jeden, der mir begegnet, liebevoll behandeln.‹

›Liebevolle Verbindungen zu knüpfen fällt mir leicht.‹

Oder: ›Ich habe die Macht, liebevolle Beziehungen aufzubauen.‹

Falls Sie Ihren idealen Partner oder Seelengefährten niemals zu finden fürchten, können Sie affirmieren:

›Mein idealer Partner wird zur rechten Zeit und am rechten Ort in mein Leben treten.‹

Affirmationen verändern unsere Ansichten, unsere unbewußten Überzeugungen. Unsere Meinungen bestimmen unsere Handlungen, unsere Handlungen bestimmen unser Verhalten, und unser Verhalten gestaltet unser Schicksal.«

»Wie oft muß man eine Affirmation wiederholen, damit sie wirkt?« fragte der junge Mann interessiert.

»So oft wie möglich. Manche Menschen schreiben sie auf einen Zettel und kleben ihn an eine bestimmte Stelle in ihrem Auto oder an die Kühlschranktür, damit sie sie ständig vor Augen haben. Sie sollten Sie mindestens dreimal täglich wiederholen – einmal morgens, gleich nach dem Erwachen, einmal im Laufe des Tages und einmal vor dem Einschlafen.«

»Und man muß nur die Affirmation wiederholen, um seine Ansichten zu ändern?« fragte der junge Mann.

»Nein. Affirmationen können helfen, unsere unbewußten Überzeugungen zu ändern, aber Sie müssen auch bewußt darüber nachdenken, was Liebe für Sie bedeutet und was es heißt, jemanden zu lieben. Es scheint offensichtlich, aber meiner Erfahrung nach machen sich nur wenige Menschen darüber Gedanken. Wie sähe beispielsweise Ihre Antwort aus?«

Der junge Mann zögerte. »Ich … nun … also … jemanden zu

lieben heißt, sich um ihn zu kümmern, dasein, wenn man gebraucht wird, helfen.«

»Ausgezeichnet«, sagte Dr. Puchia. »Mit anderen Worten – man muß vor allem zum Wohl des anderen handeln. Aber können Sie sich um jemanden kümmern, ihm helfen, ohne zuerst darüber nachzudenken, was er braucht?«

»Nein. Ich glaube nicht.«

»Deshalb ist es überaus wichtig, daß wir, wenn wir jemanden lieben, als erstes über ihn nachdenken und seine Bedürfnisse und Wünsche berücksichtigen.

Am Anfang meiner Tätigkeit«, fuhr Dr. Puchia fort, »dachte ich in meiner Naivität, Professoren brauchten nur ihren Lehrstoff zu vermitteln – also zum Beispiel Mathematik, Physik, Geographie oder Soziologie –, aber schon bald wurde mir bewußt, daß ein guter Lehrer nicht Lehrstoff vermittelt, sondern Schüler unterrichtet. Jeder Schüler hat seine individuellen Bedürfnisse und verfügt über seine spezielle Art des Verständnisses, seine eigene Methode der Einsicht. Ein guter Lehrer berücksichtigt das – andernfalls werden sich die Schüler langweilen oder frustriert sein.

Das gleiche trifft auf das Leben zu. Wenn wir liebevolle Beziehungen wünschen, müssen wir die Bedürfnisse der anderen berücksichtigen. Wir müssen uns in sie hineinversetzen, versuchen, die Dinge von ihrem Standpunkt aus zu sehen. So haben beispielsweise viele Menschen das Gefühl, in einer kalten, lieblosen Beziehung gefangen zu sein. Sie beklagen sich darüber, daß ihr Partner sie nicht liebt. Aber wenn sie sich nicht fragen würden: ›Warum tut mein Partner nicht dies oder jenes für mich?‹, sondern vielmehr: ›Was kann ich für meinen Partner tun?‹, würden sie feststellen, daß ihr Partner sich stets geliebt fühlen und sich ihnen gegenüber liebevoller verhalten würde. Unser Problem ist, daß wir die meiste Zeit über nur an unsere eigenen Bedürfnisse denken, nicht an die der anderen. Erst wenn wir die Bedürfnisse anderer Menschen berücksichtigen, können wir ihnen liebevoll begegnen.

Sie sehen«, fuhr Dr. Puchia fort, »alles beginnt mit den Gedanken – liebevolle Gedanken führen zu liebevollen Handlungen und liebevollen Erfahrungen.«

»Gut. Aber es gibt ein Problem«, wandte der junge Mann ein. »Gedanken können einem nicht helfen, die Traumfrau zu finden oder eine liebevolle Beziehung zu knüpfen.«

»Und ob«, erwiderte Dr. Puchia. »Sie wären überrascht. Ihre Gedanken helfen Ihnen nicht nur dabei, liebevolle Beziehungen anzuziehen – sie helfen Ihnen auch, die Frau Ihrer Träume zu erkennen, wenn sie in Ihr Leben tritt.«

»Und wie?« fragte der junge Mann.

»Nun, jeder hofft, die Frau oder den Mann fürs Leben zu finden, oder?«

Der junge Mann nickte.

»Und wie sieht Ihre Traumfrau aus?«

»Das weiß ich nicht. Das ist mein Problem«, antwortete der junge Mann. »Ich habe keine.«

»Aber natürlich haben Sie eine Traumfrau«, erwiderte Dr. Puchia. »Das versichere ich Ihnen. Sie haben sie nur noch nicht getroffen. Das Problem ist nur, wenn dieses Mädchen in Ihr Leben tritt – wie wollen Sie sie erkennen?«

»Woher kann überhaupt jemand wissen, ob derjenige, den er kennenlernt, der oder die Richtige ist?« erwiderte der junge Mann.

»Ich kenne nur eine sichere Methode«, sagte Dr. Puchia, »man muß seine Idealfrau kennen, bevor man sie trifft. Das heißt, Sie müssen sich Gedanken über die Eigenschaften machen, die Ihre Traumfrau haben soll.«

»Welche Art von Eigenschaften?« fragte der junge Mann.

»Körperliche, geistige, emotionale und spirituelle Eigenschaften. Soll sie dunkelhaarig oder blond sein? Groß oder klein? Welche Farbe sollen ihre Augen haben? Oder sind Sie nicht so sehr an den körperlichen Eigenschaften interessiert? Und welchen Beruf, welche Hobbys und Interessen soll sie haben? Müßte sie bestimmte Überzeugungen vertreten? Wie steht es mit ihrem Temperament – soll sie introvertiert oder extrovertiert sein? Soll sie intelligent sein?«

»Darüber habe ich mir noch keine Gedanken gemacht«, gestand der junge Mann. »Ist das wirklich so wichtig?«

»Und ob«, versicherte Dr. Puchia. »Wenn Sie nicht wissen, wie der Mensch, mit dem Sie Ihr Leben verbringen möchten, sein soll, wie wollen Sie ihn dann erkennen, wenn er Ihren Weg kreuzt?«

»Aber weiß man beim Kennenlernen nicht sofort, daß es der oder die Richtige ist?« fragte der junge Mann.

»Einige Menschen vielleicht«, erwiderte Dr. Puchia. »Aber selbst die müssen sich vorher ein Bild von ihrem Traumpartner machen. Wenn Sie nicht wissen, welche Eigenschaften Ihr idealer Partner haben soll, können Sie leicht von sexueller Anziehung, blinder Leidenschaft oder einfach von der Angst vor dem Alleinsein beeinflußt werden und so bei dem oder der Falschen landen.

Es könnte beispielsweise für Sie wichtig sein, daß Ihre Partnerin Tiere liebt. Dann lernen Sie eine Frau kennen, zu der Sie sich sofort hingezogen fühlen, nur um kurz darauf festzustellen, daß sie Tiere haßt. Wenn Sie jetzt ein Bild im Kopf haben, wissen Sie, daß die Frau, obwohl Sie sich von ihr angezogen fühlen, nicht die richtige Partnerin ist.

Wie Sie sehen, macht nicht die Liebe blind, Wollust und sexuelle Anziehung tun es. Wenn Sie nicht wissen, wie Ihre Partnerin sein soll, können Sie leicht an jemanden geraten, der nicht mit Ihnen harmoniert. Aber wenn Sie sich ein Bild von dem Menschen machen, mit dem Sie Ihr Leben verbringen möchten, werden Sie ihn oder sie schneller erkennen, wenn er Ihren Weg kreuzt.«

»Aber bedeutet es nicht eine gewisse Einschränkung, sich ein Bild von einem imaginären Partner zu machen?« fragte der junge Mann. »Und überhaupt … wie wahrscheinlich ist es, daß mir die Traumfrau über den Weg läuft?«

Dr. Puchia lächelte. »Sie wird Ihnen nicht nur wahrscheinlich, sondern sogar ganz sicher über den Weg laufen. Denn genau darum geht es bei der Kraft der Gedanken … Um etwas oder jemanden anzuziehen und in Ihr Leben zu locken, müssen Sie sich zuerst vorstellen, daß er oder es bereits zu Ihnen gehört. Nun werden vielleicht einige der auf der Liste des idealen Partners aufgeführte Eigenschaften für Sie nicht so wichtig sein. Dadurch, daß Sie sich ein Bild von Ihrem idealen Partner machen, wird Ihnen bewußt, welche Eigenschaften Ihnen wichtig sind.

Es ist wie Einkaufen im Supermarkt. Wenn Sie nicht wissen, was Sie möchten oder was für Sie wichtig ist, können Werbung und Sonderangebote Sie leichter beeinflussen, so daß Sie Sachen kaufen, die Sie vermutlich niemals brauchen werden, während Sie wirklich wichtige Dinge vergessen haben. Wenn Sie aber genau wissen, was Sie möchten, werden Sie geradewegs darauf zugehen und es in den Einkaufswagen legen. So ist es auch bei Beziehungen: Wenn wir durchs Leben gehen, ohne über die Eigenschaften nachzudenken, die wir bei unserem idealen Partner erwarten, laufen wir Gefahr, durch körperliche oder sexuelle Anziehungskraft beeinflußt zu werden und erst später, wenn die Anziehung vergangen ist, zu entdecken, daß unser Partner keine der für uns wichtigen Eigenschaften besitzt. Aber wenn wir uns ein Bild von unserem idealen Partner gemacht haben, werden wir ihn höchstwahrscheinlich erkennen, wenn er uns über den Weg läuft.«

Der junge Mann machte sich Notizen, während Dr. Puchia fortfuhr: »Liebe sollte keine Mühsal sein, aber man muß daran arbeiten – wenn wir geliebt werden möchten, müssen wir all jene Dinge tun, die nötig sind, um Liebe entstehen zu lassen. Ich glaube, genau darum geht es bei den zehn Geheimnissen der Liebe: Sie erinnern uns an all die wesentlichen Dinge, an denen wir arbeiten müssen, um Liebe entstehen zu lassen.«

»Und sich für die richtigen Gedanken zu entscheiden ist eines davon?«

»Genau! Die Fähigkeit zu lieben und geliebt zu werden, dauerhafte, liebevolle Beziehungen aufzubauen oder den idealen Partner für sich einzunehmen – all das beginnt mit der Kraft Ihrer Gedanken.«

Am Abend faßte der junge Mann das Gehörte zusammen:

Das erste Geheimnis der Liebe –
Die Kraft der Gedanken

Liebe beginnt mit unseren Gedanken.
Wir bekommen, was wir denken. Liebevolle Gedanken machen liebevolle Erfahrungen und liebevolle Beziehungen.
Affirmationen können unsere Überzeugungen und Ansichten über uns und andere ändern.
Wenn wir jemanden lieben möchten, müssen wir seine Bedürfnisse und Wünsche berücksichtigen.
Das Nachsinnen über den idealen Partner hilft uns, ihn zu erkennen, wenn er unseren Weg kreuzt.

Die Gedanken des jungen Mannes schweiften ab. Er stellte sich seine Traumfrau vor: ihr Aussehen, ihr Wesen, ihre Vorlieben und Abneigungen, ihre Überzeugungen. Als er die Augen schloß, tauchte plötzlich das Bild einer Frau auf: Sie war wunderschön, ein wenig kleiner als er, mit schulterlangen, kastanienbraunen Haaren, großen, grünen Augen und einem bezaubernden Lächeln. Sie war selbstsicher, freundlich und großzügig, intelligent, aber nicht zu ernst, zärtlich und mitfühlend. Sie liebte Tiere, sorgte sich um die Umwelt und schätzte die einfachen Freuden des Lebens, durch die Natur zu wandern etwa oder an einem kalten Winterabend am Kaminfeuer zu sitzen.

Der junge Mann schrieb alle Merkmale auf ein Blatt Papier, lehnte sich zurück und las das Geschriebene noch einmal durch. »Hm …«, murmelte er, »wenn nur …« Dann faltete er den Zettel zusammen und steckte ihn zwischen die Bücher im Regal.

Das zweite Geheimnis
Die Kraft des Respekts

Die zweite auf der Liste des jungen Mannes war Dr. Millie Hopkins. Dr. Hopkins war Professorin für Psychologie an der Universität, die erste Professorin in der Geschichte der Hochschule. Dr. Millie Hopkins war eine beliebte Professorin, von Studenten und Kollegen gleichermaßen respektiert. In ihrer Stimme schwang Freude über den Anruf des jungen Mannes mit. Sie bestand darauf, sich am nächsten Tag ein paar Stunden freizunehmen, und bat ihn zu einem Treffen um 17 Uhr in ihr Büro auf dem Campus der Universität.

Trotz ihrer 64 Jahre wirkte Dr. Hopkins so energiegeladen und begeisterungsfähig wie eine Studentin im ersten Semester. Sie wurde ganz lebhaft und aufgeregt, als sie den alten Chinesen erwähnte. Dr. Hopkins war eine kleine, kräftig gebaute Frau, elegant gekleidet in ein klassisches Marinekostüm mit weißer Bluse. Sie hatte schulterlange, kastanienbraune Haare, die sie zurückgebunden trug, und ein trotz tiefer Falten warmherziges und freundliches Gesicht.

»Ich traf den alten Chinesen vor rund zwanzig Jahren«, erklärte sie dem jungen Mann. »Damals war ich ein ganz anderer Mensch, eine Drogenabhängige, die auf der Straße lebte.«

Der junge Mann starrte sie verblüfft an. »Das ist doch nicht Ihr Ernst!« sagte er ungläubig.

»Doch«, erwiderte sie ohne die geringste Verlegenheit. »Ich weiß nicht mehr, wie oft ich wegen einer Überdosis ins Krankenhaus eingeliefert wurde. Und nach der Entlassung habe ich jedesmal sofort weitergemacht.

Eines Tages wachte ich, nachdem man mir den Magen ausgepumpt hatte, wieder einmal in einem Krankenhausbett auf, und da saß dieser Arzt neben mir und hielt mir die Hand. Er hatte ein freundliches, gütiges Gesicht und sprach mit sanfter Stimme, die ehrliches Interesse verriet. Er war der erste Mensch, der ehrliche Anteilnahme zeigte. Es war seit Jahren das erste Mal, daß jemand sich mit mir unterhielt, von Angesicht zu Angesicht, wie mit einem Menschen. Deshalb werde ich den alten Chinesen niemals vergessen.

Wir unterhielten uns lange. Ich erzählte ihm Dinge, über die ich noch mit niemandem gesprochen hatte – über meine Familie, meine Kindheit, mein Leben auf der Straße. Einfach alles. Und allein schon durch das Sprechen ging es mir besser. Er sagte, er habe Freunde, die mir helfen könnten. Er schrieb mir ihre Namen und Telefonnummern auf, und ich rief sie an. Gott sei Dank – denn sie zeigten mir, wie man lebt.«

»Sie meinen, sie verrieten Ihnen die zehn Geheimnisse der Liebe?« fragte der junge Mann.

»Ja. Ich erfuhr, daß es meinem Leben vor allem an Liebe mangelte, weil ich mich selbst nicht liebte. Deshalb war das zweite Geheimnis der Liebe so wichtig für mich … die Kraft des Respekts.

Wissen Sie, ich hatte vor nichts und niemandem Respekt. Und wenn man jemanden nicht respektiert, kann man ihn auch nicht lieben. Kein Respekt, keine Liebe. Der erste Mensch, den man respektieren sollte, ist man selbst. Wenn Sie sich selbst nicht respektieren, können Sie sich nicht lieben – und für jemanden, der sich selbst nicht liebt, ist es sehr schwer, einen anderen zu lieben.«

Der junge Mann machte sich Notizen, während Millie fortfuhr.

»Und das war mein Hauptproblem – ich konnte mich selber weder lieben noch respektieren.«

»Woran lag das?«

»Ich denke, es lag an meiner Kindheit«, erklärte Millie. »Ich war ein uneheliches Kind. Meine Mutter heiratete, als ich drei Jahre alt war. Sie hatte sich meiner immer geschämt, und mein Stiefvater haßte mich aus unerfindlichen Gründen. Ich weiß noch, wie meine Mutter einmal mit meinen Stiefschwestern schmuste, als ich sechs Jahre alt war. Ich lief zu ihnen, um mitzumachen. Plötzlich schlug mir jemand auf den Rücken. Ich fiel hin. Ich werde nie das Gesicht meines Stiefvaters vergessen, der sich über mich beugte und sagte: ›Sie ist jetzt die Mutter meiner Kinder, du häßlicher Bastard.‹«

»Und was sagte Ihre Mutter?« fragte der junge Mann, dem das alles unfaßbar vorkam.

»Nichts! Sie ignorierte mich und fuhr fort, mit meinen Stiefschwestern zu schmusen, als sei ich Luft. Schwer zu glauben, nicht wahr, daß Eltern so grausam sein können. Aber ich kenne Menschen, die von ihren Eltern noch schlimmer behandelt wurden. Nun, ich persönlich wurde zwar nicht regelmäßig verprügelt, aber man schenkte mir weder Liebe noch Zuneigung. Meine Familie hat mich in jeder Hinsicht vernachlässigt.

Ich fühlte mich zurückgewiesen, ungeliebt, also haßte ich das Leben. Ein weitverbreitetes Phänomen übrigens. Viele Menschen respektieren sich selbst nicht. Entweder mißfällt ihnen ihr Äußeres, ihre Stimme, ihre Persönlichkeit oder ihr Intellekt. Und so verlieren sie den Respekt vor sich selbst und erleben sich als minderwertig. Darum mußte ich erst lernen, mich selbst zu respektieren und zu lieben, bevor ich Liebe von anderen erfahren konnte.«

»Und wie lernten Sie, sich zu respektieren?« fragte der junge Mann. »Ich kann mir nicht vorstellen, daß das so leicht ist.« Millie lächelte. »Stimmt. Es ist nicht immer leicht, aber man kann es schaffen. Wir müssen lernen, uns zu achten, zu schätzen, was auch immer die anderen über uns sagen mögen. Wir müssen lernen, daß alles und jedes seinen Platz auf dieser Erde hat. Jeder von uns ist einzigartig. Wußten Sie zum Beispiel, daß es vor Ihnen niemals jemanden gab, der Ihnen vollkommen ähnlich war, und es niemals jemanden geben wird, der so ist wie Sie? Schon deshalb ist jeder Mensch, reich oder arm, schwarz oder weiß, Mann oder Frau, es wert, respektiert zu werden. Bei den Juden gibt es ein wunderschönes altes Sprichwort: ›Wer eine Seele rettet, rettet die ganze Welt.‹ Das heißt, jeder Mensch ist wertvoll, welche Hautfarbe und welchen Glauben er auch haben mag. Jeder hat das Recht, auf der Erde zu sein.«

»Das klingt in der Theorie sehr gut, aber in der Praxis läuft das ein wenig anders«, sagte der junge Mann.

»Natürlich. Ist das nicht bei allem so?« erwiderte Millie. »Aber das heißt nicht, daß es unmöglich ist. Ich konnte und kann es, und ich bin sicher, daß jeder es kann. Es kommt nur darauf an, etwas zu finden, bei sich selbst und bei anderen, das einem Respekt einflößt.«

»Was wollen Sie damit sagen?« fragte der junge Mann.

»Nun, unser Verstand ist ein unglaublich komplizierter Mechanismus, über den wir auch heute noch – trotz allen medizinischen Fortschritts – kaum etwas wissen. Zu seinen unglaublichsten Fähigkeiten gehört, daß er auf jede Frage eine Antwort findet. Es mag zuweilen die falsche sein, doch finden wird er immer eine. Und wenn Sie sich fragen, was Sie an sich mögen und respektieren, wird Ihnen Ihr Verstand eine Antwort liefern. Tatsächlich stellte mir der alte Chinese genau diese Frage. Zuerst antwortete ich, daß ich nichts an mir möge oder respektiere. Er erwiderte: ›Ich weiß – aber angenommen, es gäbe etwas, was würde das Ihrer Meinung nach sein?‹ Ich dachte also noch einmal darüber nach, und ein paar Dinge fielen mir ein. Ich wußte um meine Intelligenz – ich war in der Schule stets die Klassenbeste gewesen –, und ich respektierte die Tatsache, daß ich ganz auf mich allein gestellt überlebt und trotz widrigster Umstände niemals jemanden beraubt, betrogen oder verletzt hatte. Und je mehr mir einfiel, desto wohler wurde mir in meiner Haut.«

Der junge Mann machte sich ein paar Notizen, dann schaute er auf. »Man muß sich also fragen, was man an sich selbst respektiert und mag, um Selbstachtung zu entwickeln.«

»Nun, das hat mir zweifellos geholfen. Und wenn es mir half, kann es jedem helfen. Wenn Sie sich fragen: ›Was respektiere ich an mir?‹, wird Ihr Verstand Ihnen eine Antwort geben.«

»Und wenn nicht?«

»Der Verstand findet *immer* etwas; sehr oft fallen einem sogar mehrere Dinge ein. Vielleicht respektieren Sie die Tatsache, daß Sie ehrlich sind, daß Sie einen Beruf, eine Arbeit haben oder daß Sie regelmäßig trainieren. Es ist ganz gleich, was es ist, solange es sich um etwas handelt, das Sie bei sich selbst respektieren können. Es ist auch nicht schlecht, sich zu fragen, was einem an anderen Menschen zusagt, besonders an jenen, die man nicht mag.«

»Warum?« fragte der junge Mann.

»Weil man sich dann auf die Dinge konzentriert, die man an anderen respektiert. Was zur Folge hat, daß man eher fähig und bereit ist, sie liebevoll zu behandeln.«

»Mit liebevoll meinen Sie …?«

»Sie freundlich und rücksichtsvoll zu behandeln. Viele Menschen behandeln andere so, als wären sie nichts wert«, fuhr Dr. Hopkins fort, »doch wir alle sind Kinder desselben Vaters, wir alle sind Gottes Ebenbilder. Den schlimmsten Fehler, den man machen kann, ist, die Kraft des Individuums zu unterschätzen. Jeder einzelne besitzt die Kraft, die Welt zu verändern, und auf seine ganz besondere Weise verändert jeder Mensch im kleinen die Welt. Wenn wir den wahren Wert eines Menschen respektieren, behandeln wir ihn anders.

Ich erinnere mich noch, wie ich damals, als ich noch auf der

Straße lebte, in irgendeinem Durchgang davon aufwachte, daß ein Polizist mir ins Gesicht urinierte.«

»Was?« rief der junge Mann. »Warum um alles in der Welt hat er das getan?«

»Offenbar verachtete er Obdachlose wie mich«, antwortete Dr. Hopkins. »Er hatte keinen Respekt vor mir als Mensch. Ich werde nie vergessen, wie er auf mich herabsah und lachte. Für ihn war es ein Witz.

Meiner Überzeugung nach rühren die meisten Probleme daher, daß wir die Achtung verloren haben – vor uns selbst, vor anderen, vor dem Leben. Eine Folge davon ist, daß es uns an Liebe mangelt. Das Ergebnis dieses Mangels ist überall auf der Welt zu sehen – bei Arabern und Juden, Schwarzen und Weißen, Protestanten und Katholiken. Wenn wir den Glauben und die Überzeugungen des anderen respektieren würden, könnten wir einander lieben.

Nur wer den eigenen Wert zu schätzen weiß, kann den Wert des anderen würdigen und ihn respektieren. Erst wenn man jemanden achtet, kann man ihn lieben. Erst als ich mich selbst achten und lieben konnte, fühlte ich mich bei anderen Menschen wohl. Ich stellte fest, daß sich mein Verhalten gegenüber meinen Mitmenschen veränderte und ich liebevoller zu ihnen sein konnte, wenn ich bei ihnen nach Dingen suchte, die ich respektieren konnte.«

Der junge Mann lächelte, während er sich Notizen machte. Es schien so einfach zu sein, und es klang so vernünftig: Er hatte noch nie zuvor darüber nachgedacht, wie wichtig der Respekt und die Achtung vor dem anderen sind, wenn man Liebe und liebevolle Beziehungen entstehen lassen möchte.

»Eins hätte ich gern gewußt«, sagte er. »Wie wurde aus der Obdachlosen eine Professorin?«

Dr. Hopkins lächelte. »Hinter einem der auf der Liste des alten Chinesen aufgeführten Namen verbarg sich eine Nonne, eine wunderbare Frau, die mir sehr geholfen hat. Sie holte mich von der Straße und quartierte mich im hiesigen Kloster ein. Wir vereinbarten, daß ich für Kost und Logis die Hausarbeiten übernahm – Kochen, Gartenarbeit, Saubermachen. Alles, was gerade anfiel. Vom ersten Tag an hießen mich die Nonnen wie eine der Ihren willkommen und nahmen mich wie ein Familienmitglied auf. Sie betrachteten mich weder als wertlose Säuferin noch als niedere Frau. Für sie war ich ein Mitmensch, der Hilfe brauchte. Und sie gaben mir diese Hilfe. Es war eine neue Erfahrung für mich: Zum ersten Mal in meinem Leben hatte ich das Gefühl, erwünscht zu sein.

Die Nonne ermutigte mich auch, mich weiterzubilden. Sie sagte, ich sei mit einem scharfen Verstand gesegnet, den ich benutzen solle. Noch nie zuvor hatte mich jemand ermutigt. Ich folgte ihrem Rat und besuchte die Abendschule. Alle

Nonnen unterstützten mich in meinen Bemühungen. Nach sieben Jahren schloß ich mit einem erstklassigen Examen ab. Im Jahr darauf machte ich meinen Magister, und wieder drei Jahre später erhielt ich die Doktorwürde. Es war der schönste, denkwürdigste Tag in meinem Leben. Alle Nonnen aus dem Kloster erschienen zu der Feier. Mein Name wurde aufgerufen. Als man mir die Urkunde überreichte, drehte ich mich zu den Zuschauern um. Diesen Anblick werde ich mein Lebtag nicht vergessen: Zwanzig Nonnen standen auf, pfiffen, klatschten und jubelten. Als ich das Podium verließ, sah ich jemanden an der Wand des Zuschauerraumes stehen. Es war der kleine alte Chinese. Er strahlte über das ganze Gesicht und klatschte mit hocherhobenen Händen.

Später faßte der junge Mann das Gehörte zusammen:

DAS ZWEITE GEHEIMNIS DER LIEBE – DIE KRAFT DES RESPEKTS

Man kann erst dann jemanden oder etwas lieben, wenn man ihn oder es respektiert.
Als erstes muß man sich selbst respektieren.

Um Selbstachtung zu entwickeln, sollte man sich fragen: »Was schätze ich an mir?«

Um andere Menschen respektieren zu können, auch die, die einem unsympathisch sind, sollte man sich fragen: »Was schätze ich an ihm oder ihr?«

Das dritte Geheimnis

DIE KRAFT DES GEBENS

MRS. GERALDINE WILLIAMS' Kampf um Glück und Liebe begann, als sie ohne Beine und mit nur einer Hand den Leib ihrer Mutter verließ. Sie war eine von mehreren tausend Contergan-Kindern, die in den sechziger Jahren zur Welt kamen. Ein Medikament hatte – von werdenden Müttern eingenommen – körperliche Mißbildungen bei den Ungeborenen verursacht. Der junge Mann reagierte verlegen, als Mrs. Williams, die im Rollstuhl saß, ihm ihre Handprothese entgegenstreckte, um ihn zu begrüßen.

»Ihr Anruf hat mich sehr gefreut«, sagte Mrs. Williams und überging die Verlegenheit des jungen Mannes. Sie führte ihn ins Wohnzimmer: »Ich habe den alten Chinesen vor zehn Jahren getroffen, aber mir ist, als sei es gestern gewesen.« Mrs. Williams forderte den jungen Mann auf, auf dem Sofa Platz zu nehmen, und fuhr mit dem Rollstuhl vor ihn hin. »Ich lernte ihn an einem Sommerabend im Park kennen. Im College fand eine Tanzveranstaltung statt. Ich weiß noch, wie ich bei Sonnenuntergang im Park saß und darüber nachdachte, daß mich so, wie ich aussah, niemals jemand außer meinen Eltern lieben könne. Ich konnte mir nicht vorstellen, daß mich jemals jemand zu einer Tanzveranstaltung einladen würde. Ich weinte.

Plötzlich fragte eine männliche Stimme, ob es mir gutgehe. Ich schaute auf und sah einen alten Chinesen neben mir stehen. Er gab mir ein Taschentuch, damit ich mir die Tränen abtrocknen konnte, und setzte sich neben mich auf die Bank. Dann berührte er sachte meinen Arm und fragte: ›Kann ich Ihnen helfen?‹ – ›Niemand kann mir helfen‹, murmelte ich. ›Warum nicht?‹ fragte er. ›Mein Problem ist unlösbar‹, sagte ich.‹ – ›In meinem Land‹, wandte er ein, ›glaubt man, daß jedes Problem ein Geschenk in sich birgt, das unser Leben bereichern kann.‹ – ›An meinem Problem ist nichts, das mein Leben bereichern könnte. Das können Sie mir glauben‹, erwiderte ich.

›Ich habe einen Freund‹, sagte er, ›der ist ein bemerkenswerter Mensch. Es ist zehn Jahre her, da fuhr er Motorrad, und ein Truck schnitt ihn. Er konnte nicht mehr ausweichen, also mußte er, um sein Leben zu retten, versuchen, unter dem Truck hindurchzurutschen. Es gelang ihm. Doch als er über den Straßenbelag glitt, sprang der Deckel des Benzintanks auf, und in weniger als einer Sekunde stand mein Freund in

Flammen. Drei Tage später wachte er mit starken Schmerzen auf. Über siebzig Prozent seines Körpers waren verbrannt – Verbrennungen dritten Grades –, sein Gesicht war entstellt, die Finger zu Stummeln verkohlt, und er war von der Taille abwärts gelähmt. Doch er besaß etwas, das vielen Menschen fehlt – eine unbezähmbare Energie. Selbst als seine Frau ihn verließ, weil sie nicht länger, wie sie es ausdrückte, mit einem ‚gebratenen Krüppel‘ zusammenleben wollte, gab er nicht auf. Am Ende wurde er sogar Millionär. Ein Mann, schrecklich entstellt, an einen Rollstuhl gefesselt, ohne Finger. Man kann sich kaum eine schlimmere Behinderung vorstellen. Niemand glaubte, daß er jemals wieder ein normales Leben oder eine liebevolle Beziehung würde führen können. Bestimmt, sagten alle, würde er wegen seines schweren Schicksals verbittert, reizbar und wütend. Was hatte er denn noch vom Leben? Aber sie hatten alle unrecht mit ihren Unkenrufen. Er war niemals wütend, gereizt oder verbittert, weil er wußte, daß er in seinem Innersten noch immer derselbe Mensch war wie früher. Er hatte noch immer Träume, die er eines Tages verwirklichen konnte – und er verwirklichte sie. Er wurde ein sehr erfolgreicher Geschäftsmann und eine Inspiration für alle, die ihn kannten. Mehr noch, er lernte eine Frau kennen, die er als Frau seiner Träume beschrieb, und heiratete sie!‹

Ich drehte mich um und schaute dem Chinesen ins Gesicht. ›Gibt es diesen Mann wirklich?‹ fragte ich.

›Ja‹, sagte er. ›Seine Lebenseinstellung ist einfach: Entweder ist man damit beschäftigt zu leben – oder zu sterben. Und er war nicht bereit zu sterben.‹

Ich fragte den alten Mann, wie es seinem Freund gelungen sei, eine liebevolle Beziehung zu knüpfen. ›Wie allen anderen auch‹, sagte der Alte nüchtern, ›er lebte nach den zehn Geheimnissen der Liebe.‹

Es war das erste Mal, das ich von den Geheimnissen hörte – zehn Regeln, mit denen jeder, so behauptete wenigstens der alte Chinese, nicht nur Liebe in sein Leben bringen kann, sondern sogar Liebe im Überfluß.«

»Klingt toll, aber …«, sagte der junge Mann skeptisch.

»Genau das dachte ich auch. Aber es wirkte. Und wenn es bei mir geklappt hat«, sagte Mrs. Williams, »kann es meiner Meinung nach auch bei allen anderen funktionieren.

Das Geheimnis, das den größten Einfluß auf mein Leben hatte, war die Kraft des Gebens.«

»Die Kraft des Gebens?« fragte der junge Mann.

»Ja. Geben ist für mich das bemerkenswerteste Geheimnis, weil es so einfach ist – wer Liebe haben möchte, braucht nur Liebe zu geben. Und je mehr man gibt, desto mehr bekommt man.«

»Das verstehe ich nicht«, sagte der junge Mann und nahm Notizblock und Kugelschreiber zur Hand. »Können Sie mir das an einem Beispiel erklären?«

»Natürlich. Wie reagieren Ihre Mitmenschen normalerweise, wenn Sie sie anlächeln?«

»Sie lächeln zurück«, erwiderte der junge Mann.

»Und wenn Sie jemanden umarmen, wird man Sie zweifellos ebenfalls umarmen. Ein freundliches Wort, ein Geschenk, ein Anruf, ein Brief ... alles, was dem anderen zeigt, daß Sie ihm zugetan sind, wird vielfach zu Ihnen zurückkehren.«

»Aber nicht alle Menschen werden so reagieren«, wandte der junge Mann ein.

»Nein. Nicht alle. Aber die meisten. Liebe gleicht einem Bumerang – sie kehrt stets zu Ihnen zurück. Vielleicht nicht von dem Menschen, der sie erhielt, aber sie wird auf jeden Fall zurückkehren. Und zwar vielfach.

Doch sollten Sie stets daran denken, daß wir über einen unerschöpflichen Vorrat an Liebe verfügen. Er wird, anders als bei materiellen Gütern oder Geld nicht schrumpfen, wenn wir etwas davon verschenken. Tatsächlich können wir die Liebe in uns verlieren, wenn wir sie nicht weitergeben.«

»Aber bei einigen Menschen ist der Versuch, sie zu lieben, Zeitverschwendung«, sagte der junge Mann.

»Warum?« fragte Mrs. Williams.

»Nun, manche Menschen sind voller Haß. Es ist, als wäre ihr Herz leer.«

»Ich möchte Sie etwas fragen«, erwiderte Mrs. Williams. »Wenn Sie Samenkörner hätten, aus denen die wunderbarsten Pflanzen, die schönsten Bäume wüchsen, wo würden Sie sie aussäen? In prächtigen Wäldern, auf üppig grünenden Wiesen oder auf Brachland?«

»Ich weiß nicht, worauf Sie hinauswollen«, sagte der junge Mann.

»Nun, wo wird der Samen am meisten gebraucht; wo würden Ihre Samenkörner die größte Veränderung bewirken?«

»Auf Brachland.«

»Genau. Und jetzt stellen Sie sich vor, die Samenkörner seien Liebe. Wo würden sie am meisten gebraucht? In Herzen, die bereits voller Liebe sind, oder in den Herzen einsamer, verbitterter Menschen?«

»Verstehe«, erwiderte der junge Mann. »Aber es ist nicht immer leicht.«

»Ein Lächeln macht genauso viel oder wenig Mühe wie ein Stirnrunzeln; ein freundliches, ermutigendes Wort ist genauso lang wie ein kritisches. Die Entscheidung, liebevoll zu sein, ist genauso einfach zu fällen wie die, unfreundlich und gleichgültig zu sein.

Eines der Probleme ist, daß viele nicht als erste geben wollen.

Wir geben nur, wenn wir etwas bekommen haben. Liebe ist allzuoft mit Bedingungen verknüpft. Wir sagen: ›Ich werde dich lieben, wenn du mich liebst.‹ Die ganze Zeit über warten wir auf jemanden, der den ersten Schritt macht. Das ist einer der Gründe dafür, daß viele Menschen selten Liebe erfahren: Sie warten auf jemanden, der sie zuerst liebt. Ebensogut könnte ein Musiker sagen: ›Ich werde erst spielen, wenn die Leute tanzen.‹

Wahre Liebe stellt keine Bedingungen. Sie erwartet keine Gegengabe. Ich habe einmal eine wunderbare Geschichte über ein kleines Mädchen gelesen, das dringend eine Bluttransfusion brauchte. Zum Glück hatte ihr jüngerer Bruder genau die passenden Blutwerte. Die Ärzte erklärten dem kleinen Jungen, daß seine Schwester sterben würde, wenn sie kein neues Blut bekäme. Aber nicht irgendein Blut, sondern seines. Ohne Zögern erklärte sich der Junge bereit, seiner älteren Schwester zu helfen. Kurz bevor ihm die Narkose verabreicht wurde, schaute der kleine Junge den Chirurgen an und sagte: ›Tut das Sterben weh?‹ Der noch nicht einmal sieben Jahre alte Junge hatte gedacht, er müsse *all* sein Blut und damit sein Leben geben, um seine Schwester zu retten. Wahrscheinlich werden Sie niemals eine Liebe finden, die so rein und wahrhaftig ist wie die Liebe dieses kleinen Jungen zu seiner Schwester.«

»Ja. Aber es ist leichter, Mitglieder der eigenen Familie zu lieben, nicht wahr?« sagte der junge Mann.

»Nicht unbedingt. Manche Menschen hassen ihre Familie.«

Der junge Mann nickte. Er dachte an Millie Hopkins, die als Kind verachtet und vernachlässigt worden war und als Heranwachsende ihre Familie haßte.

»Wir alle sind Geschöpfe des einen Gottes«, fuhr Mrs. Williams fort. »In uns fließt das gleiche Blut. Wir sind aus dem gleichen Fleisch, den gleichen Knochen. Wir sind wahrhaft Teil einer Familie. Ich denke, bei der Liebe geht es vor allem um die Fähigkeit, sich selbst im anderen zu erkennen.

Wenn Sie Liebe erfahren möchten, müssen Sie bereit sein, bedingungslos zu lieben, zu lieben, ohne eine Gegengabe zu fordern. Sonst ist es keine Liebe. Ein Geschenk ist erst ein Geschenk, wenn es freiwillig gegeben wird. Und Liebe ist keine Liebe, wenn Bedingungen daran geknüpft sind. Wenn Sie daher ganz absichtslos Zeichen der Freundlichkeit setzen, so ist das eine der wundervollsten Möglichkeiten, die Freude des Gebens zu erleben und die Liebe, die daraus erwächst.«

»Was meinen Sie damit?« fragte der junge Mann.

»Absichtslos verteilte Freundlichkeiten sind spontane Geschenke, die man einzig und allein aus Freude am Geben macht: Einem traurig aussehenden Menschen auf der Straße Blumen schenken. Jemandem wegen seines Aussehens oder seiner Arbeit Komplimente machen. Eine absichtslose Freundlichkeit ist es, andere zu überraschen und ein Lächeln auf ihr Gesicht zu zaubern. Sie werden auf diese Weise Liebe säen, und diese Liebe wird für immer bei der Person bleiben, der Sie sie schenkten.«

Der junge Mann schrieb fleißig mit. Ihm gefiel der Begriff der »absichtslos verschenkten Freundlichkeiten.«

»Und Sie glauben wirklich, daß man durch absichtslos verschenkte Freundlichkeiten die Liebe in sein Leben holen kann?« fragte er.

»Ja. Das glaube ich. Dieses Geheimnis veränderte meine Meinung über mich selbst. Mein ganzes Leben lang habe ich mich als Opfer gefühlt. Durch die Kraft des Gebens entdeckte ich, daß ich auch als Krüppel viel für andere Menschen tun, daß ich das Leben anderer Menschen verändern konnte.

Haben Sie schon einmal ohne Hintergedanken etwas für einen anderen getan?«

Der junge Mann nickte. »Ja.« Vor ein paar Wochen hatte er eine junge Mutter gesehen, die sich verzweifelt bemühte, ihren Kinderwagen eine Treppe emporzuhieven. Es war ausgerechnet Hauptverkehrszeit, und die Menschen hetzten an ihr vorbei. Er aber hatte angehalten und der jungen Frau geholfen.

»Und wie fühlten Sie sich? Gut, oder?«

Der junge Mann nickte erneut. Er hatte sich sehr gut gefühlt – so, als habe der Akt des Helfens ihn selbst mit Energie vollgetankt.

»Das ist die Kraft des Gebens«, sagte Mrs. Williams. »Sie hilft einem nicht nur, selbst Liebe zu empfinden, sie hilft auch, liebevolle Beziehungen aufzubauen. Ein Mittel, das niemals versagt. Tatsächlich garantiert Geben lebenslanges Glück.«

»Warum?« fragte der junge Mann.

»Ganz einfach: Wenn Sie sich in einer Beziehung stärker auf das Geben als auf das Nehmen konzentrieren, kann sie nicht scheitern. Und in allen Beziehungen geht es um Geben und Nehmen, nicht wahr?«

»Ja.«

»Wenn Sie mehr bekommen möchten, als Sie zu geben bereit sind, werden Sie Probleme in Ihrer Beziehung bekommen. Wenn Sie sich dagegen Gedanken darüber machen, was Sie Ihrem Partner geben könnten, werden Sie nichts verkehrt machen. Bevor sie sich für ein Leben binden, überlegen die meisten Menschen genau, was der Partner für sie tun kann. Sie sollten sich statt dessen fragen: ›Was kann ich für meinen Partner tun?‹ Nur so werden sie eine liebevolle Beziehung aufbauen.«

Je mehr der junge Mann darüber nachdachte, desto mehr Sinn ergaben Mrs. Williams Worte. Bis jetzt hatte er Liebe für etwas gehalten, das man von anderen bekam. Ihm war nie in den Sinn gekommen, daß man Liebe dadurch erfahren konnte, daß man sie verschenkte. Vielleicht waren seine früheren Beziehungen aus diesem Grund gescheitert: Er hatte sich immer nur gefragt, was er von einer Partnerin wollte – nicht, was er ihr geben konnte.

»Ich möchte Ihnen etwas Unglaubliches erzählen. Vor fünf Jahren schaute ich mir eine Fernsehsendung über einen Arzneimittelskandal in Mexiko an – es ging um Thalidomid*, jenes Medikament, das bei Ungeborenen Mißbildungen verursacht. In Mexiko verschrieb man es noch, 25 Jahre nachdem es in den westlichen Ländern verboten worden war.«

»Nicht zu fassen!« sagte der junge Mann kopfschüttelnd.

»In der Tat. Ich traute meinen Augen nicht. So viele stark mißgebildete Kinder – und es wäre vermeidbar gewesen. Ein bestimmtes Mädchen erregte meine ganz besondere Aufmerksamkeit. Es war ungefähr sieben oder acht Jahre alt und wie ich ohne Beine geboren worden, hatte jedoch zusätzlich noch ein verformtes Gesicht. Es hatte gelernt, mit seiner Situation fertig zu werden, aber es litt an dauernden starken Schmerzen, und seine Zukunft sah sehr trübe aus.

Das Mädchen kam aus einer armen Familie, die nicht das

---

* Thalidomid ist der Wirkstoff in Contergan. Anm. d. Red.

Geld für die nötigen medizinischen Behandlungen aufbringen konnte. Die Beinprothesen waren nicht nur primitiv gearbeitet, sie paßten auch nicht richtig. Sie schmerzten beim Gehen, und die Kleine konnte sich nur hinsetzen, wenn sie sie abschnallte. Stellen Sie sich vor, der Fahrer des Schulbusses weigerte sich, die Kleine mitzunehmen, weil sie sich mit den Prothesen nicht setzen konnte!«

Der junge Mann schüttelte ungläubig den Kopf.

»Ich wußte sofort, daß ich diesem Mädchen helfen mußte. Irgendwo habe ich einmal gelesen, Liebe sei nichts weiter als die Entdeckung des eigenen Selbst in anderen und die Freude am Wiedererkennen. An jenem Tag verstand ich die Bedeutung dieses Satzes. Ich sah nicht nur ein behindertes, benachteiligtes Kind, ich sah mich. Die Behinderung verband uns. Zum ersten Mal in meinem Leben dachte ich, daß mein Leid einen Sinn gehabt haben könnte.

In den folgenden Monaten sammelte ich Spenden, von denen ich dem kleinen Mädchen neue Beinprothesen und die zum Sitzen notwendige physikalische Therapie bezahlen wollte. Und ich wünschte verzweifelt, ihr zu der notwendigen Gesichtsoperation verhelfen zu können. Also organisierte ich Gartenpartys, Tombolas, Flohmärkte und bat jeden, der mir über den Weg lief, um eine Spende. Achtzehn Monate später hatte ich das nötige Geld zusammen, und es war mir sogar gelungen, einen der führenden Chirurgen auf dem Gebiet der plastischen Chirurgie zu überreden, das Mädchen kostenlos zu operieren.

Nach der Behandlung und dem Anpassen der neuen Beinprothesen besuchte ich sie. Als sie mich sah, lief sie mit Tränen in den Augen auf mich zu und rief immer wieder: ›Danke. Danke.‹ Es war das erste Mal, daß ich Liebe in einer solchen Fülle erfuhr. Nie zuvor habe ich so viele Freudentränen geweint wie damals, als ich das kleine Mädchen in den Armen hielt.

Da erst verstand ich, was der alte Chinese gemeint hatte, als er sagte: ›Wer ist behinderter? Ein Mensch, der nicht gehen oder reden, hören oder sehen kann – oder ein Mensch, der weder lachen noch weinen, noch lieben kann?‹ Und zum ersten Mal in meinem Leben wurde mir bewußt, daß ich mich, so verkrüppelt ich war, nicht von den anderen Menschen unterschied. Trotz meiner Probleme und ungeachtet aller Scham und Schinderei, das erkannte ich an diesem Tag, kann das Leben so schön sein – wenn wir unser Herz mit Liebe füllen.

Ein Jahr später traf ich einen Mann – einen freundlichen, sanften, wunderbaren Mann. Er war Sozialarbeiter in unserem Bürgerzentrum, das ich häufig besuchte. Es funkte sofort. Ich weiß nicht, was es war. Bald schon wurden wir gute Freunde, und wenige Monate später wurde das Wunder, von dem ich geträumt hatte, wahr: Er lud mich zum Tanz ein!

Ein Jahr später waren wir verheiratet, und heute haben wir zwei prächtige Kinder. Sie sehen also, der alte Chinese hatte recht behalten: Jedes Problem birgt in sich ein noch größeres Geschenk, das Ihr Leben bereichern kann. Solange Sie etwas von sich zu verschenken haben, solange Sie etwas beizusteuern haben, so lange werden Sie in der Lage sein, Liebe zu finden.«

Am Abend las der junge Mann sich noch einmal die Notizen durch, die er sich bei Mrs. Williams gemacht hatte.

DAS DRITTE GEHEIMNIS DER LIEBE – DIE KRAFT DES GEBENS

Wenn du Liebe bekommen möchtest, brauchst du sie nur zu geben! Lieben heißt, etwas von sich selbst zu verschenken, freiwillig, ohne Bedingungen.

Sei absichtslos freundlich.

Frag, bevor du dich bindest, nicht danach, was du

von deinem Partner haben wirst, sondern vielmehr, was er von dir bekommen wird.

Die Geheimformel für eine glückliche, lebenslange und liebevolle Beziehung lautet: Konzentriere dich mehr auf das Geben als auf das Nehmen.

Das vierte Geheimnis

DIE KRAFT DER FREUNDSCHAFT

ALS VIERTER STAND auf der Liste des jungen Mannes ein Mann
namens William Bachman. Mr. Bachman war freier Journa-
list – seine Artikel erschienen regelmäßig in der nationalen
Presse – und Autor des Bestsellers *Friends and Lovers*. Er war
von großer, schlanker Gestalt und hatte ein kantiges Gesicht,
das vor Freude strahlte, als er den jungen Mann in seinem
Haus willkommen hieß.

»Die zehn Geheimnisse der Liebe«, gestand Mr. Bachman,
»haben mein Leben völlig verändert. Über zehn Jahre lang
versuchte ich vergebens, die eine, die ganz besondere Beziehung zu finden, eine Frau, die mein Leben mit mir zu teilen
bereit war. Es gab Zeiten, da glaubte ich nicht mehr, daß ich
sie je finden würde. Aber ein Jahr nachdem ich von den zehn
Geheimnissen der Liebe erfahren hatte, fand ich nicht nur
meine Traumfrau, sondern es war auch eine Veränderung in
den Beziehungen zu meiner Familie und zu meinen Freunden eingetreten.

»Inwiefern?« fragte der junge Mann.

»Nun, all meine Beziehungen schienen enger und verbindlicher geworden zu sein.«

Der junge Mann schaute Mr. Bachman skeptisch an. »So stark beeinflußten die Geheimnisse ihr Leben?« fragte er.

Mr. Bachman lächelte. »Ja. Ich weiß, das hört sich alles etwas phantastisch an. Probieren Sie es aus. Sie werden sehen, es funktioniert.

Jedes Geheimnis half mir auf seine Weise. Doch war das von der Kraft der Freundschaft das wichtigste für mein Leben.«

»Die Kraft der Freundschaft?« fragte der junge Mann. »Was bedeutet das genau?«

»Nun, wissen Sie, ich dachte immer, Liebe sei eine romantische Sache zwischen zwei Menschen, und, verstehen Sie mich bitte nicht falsch, das ist sie auch. Aber Liebe meint noch wesentlich mehr. Es geht darum, sich um andere zu kümmern, dazusein, wenn man gebraucht wird. Deshalb ist wahre Liebe mehr als Romantik. Sie hat mit Freundschaft zu tun.«

Der junge Mann nahm seinen Block und machte sich Notizen, während Mr. Bachman fortfuhr: »Wie viele meiner Mitmenschen suchte auch ich überall nach einem Menschen, den ich lieben konnte. Ich ging in Single-Bars, besuchte Partys und Nachtklubs. Und obwohl ich viele Frauen traf und mich mit ihnen verabredete, lernte ich nie die Richtige kennen. Ich dachte schon, ich würde sie niemals finden. Ich weiß noch, wie ich eines Abends allein in einer Bar in der Innenstadt hockte und plötzlich ein kleiner, alter Chinese neben mir saß. Er hob sein Glas und sagte: ›Hallo‹. Ich tat es ihm nach. Wir unterhielten uns. Er fragte mich, ob ich verheiratet sei. Ich verneinte. ›Warum?‹ wollte er wissen. ›Weil ich noch nicht die Richtige gefunden habe‹, erwiderte ich. Dann sagte er etwas, das mich nachdenklich stimmte. ›Vielleicht suchen Sie an den falschen Stellen.‹

»An den falschen Stellen?« wiederholte der junge Mann. »Was meinte er damit?«

»Genau das fragte ich auch«, sagte Mr. Bachman. »Ich erklärte ihm, ich gehe in Bars und Nachtklubs, weil dort viele alleinstehende Frauen anzutreffen seien. Er warf mir einen verwunderten Blick zu und lachte. Ich fragte ihn, was daran so lustig sei. Er antwortete: ›Haben Sie jemals in einer Bar oder einem Nachtclub eine Frau kennengelernt?‹

›Ein paarmal‹, erwiderte ich. Doch als er weiterfragte, mußte ich zugeben, daß all diese Beziehungen nur wenige Wochen gehalten hatten.«

»Was ist so verkehrt daran, in Bars oder Nachtclubs Menschen kennenlernen zu wollen?« fragte der junge Mann.

»Überhaupt nichts«, erwiderte Mr. Bachman. »Vielleicht haben Sie Glück. Doch der alte Chinese erklärte mir, daß ein düsterer, verrauchter Raum, in dem es so laut ist, daß man schreien muß, um gehört zu werden, wahrscheinlich nicht der geeignete Ort ist, um eine dauerhafte Beziehung und Liebe zu finden.«

»Und wo wäre der geeignete Ort?« fragte der junge Mann, der häufig Bars und Nachtclubs besuchte, in der Hoffnung, eine Frau kennenzulernen.

»Nun, das hängt ganz von Ihnen ab.«

»Was soll das heißen?«

»Der alte Mann erklärte es mir folgendermaßen: ›Wenn Sie wahre Liebe suchen, sollten Sie zuerst nach einem wahren Freund Ausschau halten.‹ Es ist so einfach. Trotzdem hatte ich noch nie zuvor daran gedacht. Viele von uns glauben, eine starke körperliche Anziehungskraft sei die wichtigste Voraussetzung für die Liebe. Ich behaupte nicht, daß körperliche Anziehungskraft für eine liebevolle Beziehung unwichtig ist, aber wenn wir uns nach Liebe sehnen, nach einer Liebe, die ein Leben lang anhalten soll, dann müssen wir hinter das äußere Erscheinungsbild blicken.

Wahre Liebe entspringt nicht körperlicher Anziehungskraft, sondern der Freundschaft. Der französische Schriftsteller Antoine de Saint-Exupéry drückte es so aus: ›Liebe besteht nicht darin, einander anzustarren, sondern gemeinsam in die gleiche Richtung zu schauen.‹ Und in der Bibel steht: ›Zwei

Menschen können erst gemeinsam reisen, wenn sie sich einig sind.‹ Gemeinsame Überzeugungen, gemeinsame Ziele und Interessen, gegenseitiger Respekt, gegenseitige Bewunderung sind das Fundament einer haltbaren, liebevollen Beziehung.«

Der junge Mann schaute von seinem Notizblock auf. »Ist das wirklich so wichtig?«

»Ja. Eine Gruppe von Soziologen an einer amerikanischen Universität bewies, wie wichtig der Faktor Freundschaft in einer liebevollen Beziehung ist. Sie befragten Hunderte von Ehepaaren, die seit fünfzig oder mehr Jahren glücklich zusammenlebten, was ihrer Meinung nach für ihr Glück verantwortlich war. Bei ihren Antworten fand ein Faktor besonders häufige Erwähnung: der der Freundschaft. Jede der befragten Personen erklärte den Partner zu seinem oder ihrem besten Freund. Alle hatten gemeinsame Überzeugungen, Interessen und Ziele. Alles andere, einschließlich Schönheit und materieller Besitz, hatte sich langfristig als irrelevant erwiesen. Das, was lebenslange, liebevolle Beziehungen zusammenhält, ist Freundschaft.

Dieser Gedanke inspirierte mich zu meinem Buch *Friends and Lovers*. Viele Menschen glauben immer noch, Liebe entspringe der körperlichen Anziehungskraft. Doch das ist ein Irrtum. Schönheit ist vergänglich, sie verblaßt mit jedem Tag. Liebe aber, die in Freundschaft wurzelt, wird mit jedem Tag größer. Außerdem: Wie schön ist eine Frau, die lügt und betrügt, und wie attraktiv ist ein Mann, der seine Freundin schlägt?

Es ist also besser, sich nicht nur auf die Attraktivität zu konzentrieren, sondern nach Partnern zu suchen, die die gleichen Überzeugungen, Werte und Ziele haben wie wir.«

Der junge Mann nickte. Er spürte instinktiv, daß Mr. Bachman recht hatte. Nach seinem Treffen mit Dr. Puchia hatte er sich unter anderem notiert, daß seine Partnerin wie er eine Vorliebe für den Aufenthalt im Freien haben sollte.

»Ich verstehe, worauf Sie hinauswollen«, sagte der junge Mann. »Aber man muß immer noch einen Freund finden, oder?«

»Das stimmt«, erwiderte Mr. Bachman. »Aber um einen Freund zu finden, brauchen Sie nichts weiter zu tun, als freundlich zu sein. Und um ganz bestimmte Freunde zu finden, müssen Sie nur zu Menschen freundlich sein, die die gleichen Interessen und Meinungen haben wie Sie.«

»Das ist leichter gesagt als getan«, wandte der junge Mann ein.

»Warum? Welche Hobbys haben Sie; was unternehmen Sie gern?«

»Nun, ich wandere gern an den Wochenenden, ich surfe und gehe gern in die Oper.«

»Und wo werden Sie eher Freundschaften knüpfen können: in verrauchten Bars oder in einem Wanderverein, einem Surfclub, einem Kreis der Opernfreunde?«

»Ich verstehe, was Sie meinen«, erwiderte der junge Mann. »Aber was machen Menschen, die keine echten Hobbys oder Interessen haben?«

»Sie sollten sich Gedanken darüber machen, Interessen oder Hobbys zu finden, die ihnen Spaß machen. Dinge, die sie lieben, ganz gleich, was es ist: Es kann eine Sportart wie Fußball, Tennis, Schwimmen oder Radfahren sein, eine mehr gesellige Aktivität wie Tanzen, Theaterspielen oder Wandern – oder ein Interesse an Politik. Sobald wir etwas gefunden haben, das uns interessiert, ist es leicht, Menschen zu finden, die unsere Interessen teilen – denn wir haben etwas gemeinsam. Wenn Sie nichts mit anderen Menschen gemeinsam haben, werden Sie wahrscheinlich auch keine enge Beziehung zu ihnen unterhalten können.«

»Das klingt so einfach.«

»Es ist einfach – aber etwas, das wir oft übersehen. Die Menschen sind zu sehr damit beschäftigt, einen Partner fürs Leben zu finden. Wenn wir statt dessen Freundschaften knüpften, würden wir feststellen, daß daraus leicht eine Liebesbeziehung entsteht.«

»Aber mit jemandem befreundet zu sein heißt doch noch lange nicht, ihn auch attraktiv zu finden und mit ihm eine Liebesbeziehung einzugehen«, sagte der junge Mann.

»Nein. Da haben Sie recht. Aber eine Beziehung ohne Freundschaft wird wahrscheinlich nicht von Dauer sein.«

»Aber manchmal verlieben sich zwei Menschen Hals über Kopf ineinander – oder besser gesagt, sie sind voneinander angezogen – und werden erst später Freunde«, sagte der junge Mann.

»Ja, natürlich, das ist möglich«, räumte Mr. Bachman ein, »und nicht einmal ungewöhnlich. Aber der Kernpunkt ist, daß Freundschaft ein wesentliches Element jeder lebenslangen Liebesbeziehung ist, weil sie ein wesentliches Element der Liebe ist.

Deshalb sollten Sie sich, wenn Sie nicht wissen, ob Sie die Richtige gefunden haben, vor allem fragen: ›Ist Sie meine beste Freundin?‹ Wenn Ihre Antwort nein lautet, sollten Sie sich noch einmal überlegen, ob Sie mit diesem Menschen eine lebenslange Beziehung eingehen wollen.«

Der junge Mann machte sich Notizen. Dann schaute er auf. »Und was ist mit all den Menschen, die sich bereits gebunden haben?« fragte er. »Ist es für sie nicht zu spät, sich über die Kraft der Freundschaft Gedanken zu machen?«

»Keineswegs«, antwortete Mr. Bachman. »Viele Beziehungen wurden durch die Kraft der Freundschaft gerettet. Man kann eine Freundschaft aufbauen: Man muß nur ein gemeinsames Fundament finden, gemeinsame Interessen, etwas, das man gemeinsam unternehmen kann. Zwei Menschen können wieder zu Freunden werden und ihre Beziehung erneuern. Denn wenn die Freundschaft wächst, wächst auch die Liebe.«

»Noch eine letzte Frage«, sagte der junge Mann beim Abschied. »Sind Sie Ihrer Traumfrau je begegnet?«

Mr. Bachman lächelte. »Natürlich«, sagte er. »Und: Ich habe sie geheiratet. Ich traf Rachel in einem Wanderverein. Anfangs fühlte ich mich von ihr nicht sonderlich angezogen, und ich glaube, ihr ging es mit mir genauso. Aber als wir uns besser kennenlernten, trat eine Veränderung ein. Wir waren gern beisammen, und wir fühlten uns einer in der Nähe des anderen wohl. Sie war die erste Frau, mit der ich über Dinge sprechen konnte, die mir etwas bedeuteten. Wir entdeckten, daß wir vieles gemeinsam hatten. Es war, als seien wir Seelengefährten. Wir wurden gute Freunde. Und eines Tages stellte ich fest, daß ich sie liebte und mein Leben mit ihr teilen wollte.«

Zu Hause las der junge Mann sich die Notizen durch, die er bei Mr. Bachman gemacht hatte.

Das vierte Geheimnis der Liebe – Die Kraft der Freundschaft

Um wahre Liebe zu finden, sollte man zunächst nach einem wahren Freund suchen.

Liebe heißt nicht, einander in die Augen zu starren, sondern in die gleiche Richtung zu schauen.

Jemanden ganz zu lieben heißt, ihn dafür zu lieben, daß er ist, wie er ist, und nicht wegen seines Aussehens.

Freundschaft ist der Boden, auf dem Liebe gedeiht.

Wenn man eine Beziehung mit Liebe füllen möchte, muß man Freundschaft hineinbringen.

Das fünfte Geheimnis
Die Kraft der Berührung

TAGS DARAUF GING der junge Mann ins städtische Krankenhaus, um die nächste Person zu treffen, die auf seiner Liste aufgeführt war – den leitenden Chirurgen Dr. Peter Young. Young war ein großer, gutaussehender Schwarzer mit kurzen, pechschwarzen Haaren und dunkelbraunen Augen. Als der junge Mann sein Büro betrat, stand Dr. Young auf und begrüßte ihn mit einem herzlichen, festen Händedruck. »Hallo, freut mich, Sie zu sehen«, sagte er.

»Ganz meinerseits«, erwiderte der junge Mann. »Danke, daß Sie sich Zeit für ein Gespräch genommen haben.«

»Oh – es ist mir ein Vergnügen«, erwiderte Dr. Young, während er dem jungen Mann einen Stuhl anbot. »Möchten Sie etwas trinken?«

»Kann ich einen Tee haben?« fragte der junge Mann.

»Kommt sofort«, antwortete Dr. Young, öffnete die Bürotür und bat seine Sekretärin, ihnen eine Kanne Tee zuzubereiten.

»Und jetzt erzählen Sie mir noch einmal ganz genau, wo Sie den alten Chinesen getroffen haben«, bat Dr. Young. Als der junge Mann die Geschichte beendet hatte, brachte die Sekretärin den Tee herein. Dr. Young gab seinem Besucher eine Tasse. »Ich traf den alten Mann vor fünfzehn Jahren«, sagte er. »Damals, als frischgebackener Chirurg, glaubte ich, alles zu wissen, ich glaubte, daß es mein Job sei, Patienten aufzuschneiden, das Problem zu entfernen und sie wieder zuzunähen. Ich war sehr gut darin. Aber ich habe nicht ein einziges Mal am Bett eines Patienten gesessen.«

»Wirklich? Warum nicht?«

»Weil ich es als Zeitverschwendung betrachtete, mich zu ihnen zu setzen und mit ihnen zu plaudern. Das war Aufgabe der Krankenschwestern. Ich rügte sogar Assistenzärzte, wenn sie zuviel Zeit mit den Patienten verbrachten. Ich weiß, es klingt lächerlich, aber man hatte mich gelehrt, daß es die Hände sind, die einen guten Chirurgen ausmachen. Erst jener alte Chinese lehrte mich verstehen, daß ich mich irrte. Bei einem guten Chirurgen zählen nicht die Hände – sondern das Herz.«

Der junge Mann hörte aufmerksam zu, als Dr. Young fortfuhr: »Eines Morgens machte ich die übliche Runde. Alles verlief wie gewohnt, bis ich in einem Zimmer auf einen Pfleger traf, der an einem Krankenbett saß und der Patientin die Hand hielt. ›Haben Sie nichts anderes zu tun?‹ fragte ich ihn. Er drehte sich langsam um. Ich werde nie seinen Gesichtsausdruck vergessen. Er schaute mich mit seinen dunkelbraunen Augen an und sagte: ›Doch. Aber wenn Sie Ihre Arbeit nicht machen, muß es jemand andres für Sie tun.‹

Ich brauche Ihnen wohl nicht zu sagen, daß ich die Beherrschung verlor. ›Jetzt hören Sie mir mal gut zu …‹, begann ich. Doch bevor ich den Satz beenden konnte, hob er die Hand und flüsterte. ›Nicht jetzt, bitte. Die Dame braucht Hilfe.‹

Ich war wütend. ›Wie kann ein Pfleger es wagen, so mit mir zu sprechen‹, dachte ich. Die Patientin litt an unheilbarem Krebs. Wir hatten einen inoperablen Tumor in ihrem Gehirn entdeckt. ›Sie wird …‹, begann ich erneut. Wieder hob der alte Mann die Hand und sagte: ›Nicht jetzt, bitte. Nicht jetzt.‹ Ich ging hinaus und wartete auf ihn, um ihm die Meinung zu sagen. Doch als er aus dem Zimmer kam, schaute er mir gerade in die Augen und sagte: ›Sie wird leben, Doktor.‹ – ›Was meinen Sie damit?‹ fragte ich. ›Sie hat einen inoperablen Gehirntumor.‹ – ›Haben Sie jemals erlebt, daß ein Patient sich erholte, obwohl Sie glaubten, er würde sterben?‹ fragte er. ›Ja, natürlich‹, erwiderte ich. ›Aber …‹ – ›Und wie kommt es Ihrer Meinung nach zu solchen Besserungen?‹ – ›Ich habe nicht die leiseste Ahnung‹, erwiderte ich ungeduldig. ›Zufälle. Eine Laune der Natur.‹ – ›Nein, Doktor‹, antwortete er. ›Es sind Wunder! Und wer oder was vollbringt diese Wunder? Die

85

Liebe!‹ sagte er. ›Liebe ist die stärkste Heilkraft im ganzen Universum, stärker als jede Medizin. Ohne Liebe ist ein Chirurg nur ein Mechaniker, kein Arzt.‹

Dann reichte er mir ein Blatt Papier und sagte: ›Wenn Sie lernen wollen, wie ein Arzt sein sollte, dann nehmen Sie Kontakt zu diesen Menschen auf.‹ Ich schaute auf das Blatt. Zehn Namen und Telefonnummern standen darauf. Als ich wieder aufblickte, war der alte Mann verschwunden.

Die Worte des Alten hatten mich dermaßen empört, daß ich schnurstracks in die Verwaltung ging. Ich wollte herausfinden, wo der alte Mann arbeitete, um ihm meine Meinung zu sagen. Aber in den Aufzeichnungen stand nichts von einem alten Chinesen, der in unserer Abteilung arbeitete. Zuerst dachte ich, die Aufzeichnungen seien durcheinandergeraten – durch einen Computerfehler oder so etwas –, aber es gab überhaupt keine Unterlagen über einen alten Chinesen, die zu meiner Beschreibung gepaßt hätten. Also gab ich mein Vorhaben auf … bis zum folgenden Tag.«

»Was geschah denn am nächsten Tag?« wollte der junge Mann wissen.

»Die Stationsschwester rief mich an und sagte, ich solle sofort kommen … Die Patientin mit dem inoperablen Gehirntumor saß aufrecht im Bett, ihr Appetit war zurückgekehrt, und sie sagte, sie fühle sich schon viel besser. Ich traute meinen Augen nicht: Diese Frau hatte monatelang unter Brechreiz und Schwindelanfällen gelitten und war erst vor zwei Tagen am Hirn operiert worden. Sie bedankte sich sogar bei mir und sagte, die Operation müsse gut verlaufen sein. Es war unglaublich. Ein Wunder! Ich wußte nicht, was der alte Chinese mit dieser Frau angestellt hatte, aber mir war bewußt, daß er etwas getan haben mußte. Die einzige Möglichkeit, mehr über den Mann herauszufinden, sah ich darin, die Leute auf der Liste anzurufen, die er mir gegeben hatte.

Nun, alle hatten sie den alten Chinesen getroffen, und alle sprachen von den zehn Geheimnissen der Liebe. Ich hatte noch nie von diesen Geheimnissen gehört und war natürlich sehr skeptisch – aber auch neugierig. Ich wollte mehr darüber erfahren, wie der alte Mann meiner Patientin geholfen hatte. Ich hatte nie die Bedeutung des Faktors Liebe bei der Gesundheit und der Heilung in Betracht gezogen. Während des Medizinstudiums hatte mir niemand beigebracht, daß eine Verbindung zwischen Liebe oder Zuneigung und dem Heilungsmechanismus unseres Körpers besteht. Aber es gibt sie. Der alte Mann hatte recht: Liebe ist die stärkste Heilkraft.«

»Wirklich?« fragte der junge Mann.

»Ja. Es gibt Untersuchungsberichte, die das beweisen. Diese Untersuchungen zeigen unter anderem, daß Menschen in einer glücklichen, liebevollen Beziehung zehnmal seltener ernsthaft erkranken als Menschen, bei denen keine solche Beziehung besteht, und daß Patienten, die sich geliebt fühlen, rascher und dauerhafter gesund werden als andere.«

»Unglaublich«, sagte der junge Mann.

»Nicht wahr?« erwiderte Dr. Young. »Und sehr anregend für Menschen, die, wie ich, einen Heilberuf ausüben. Die zehn Geheimnisse der Liebe veränderten nach und nach mein Leben.«

»Wie das?« fragte der junge Mann.

»Auf unterschiedliche Weise. Die Beziehungen zu meiner Familie und zu meinen Freunden verbesserten sich. Ich verstand mich viel besser mit meiner Freundin. Aber die vielleicht größte Veränderung vollzog sich in meiner Arbeit. Ich begann, die Patienten als Menschen zu betrachten statt als Nummern. Das besonders auf dem Gebiet der Medizin bedeutsamste Geheimnis war die Kraft der Berührung.«

»Was hat Berührung mit Liebe zu tun?« fragte der junge Mann.

»Die Berührung besitzt eine unglaubliche Kraft. Sie verbindet Menschen und reißt Barrieren nieder. Jeder von uns reagiert darauf. Die Berührung birgt in sich eine Energie, die Wunder wirkt.

Vor einiger Zeit führten Wissenschaftler in einem Lehrkrankenhaus in London ein interessantes Experiment durch. Normalerweise besucht der Chef-Chirurg am Abend vor der Operation seine Patienten, um ihre Fragen zu beantworten und ihnen in groben Zügen den Operationsablauf zu erklären. Bei diesem Experiment hielt der Chirurg während des Gesprächs die Hand des Patienten. Sie werden es nicht glauben – diese Patienten erholten sich dreimal so rasch wie die übrigen!

Wenn wir jemanden voller Anteilnahme berühren, verändert sich etwas in uns und ihn ihm – die Streßhormone reduzieren sich, das Nervensystem entspannt sich, unser Immunsystem verbessert sich, Gefühle und Stimmungen werden positiv beeinflußt.

Aufgrund dieser Information führte ich im Krankenhaus ein ›Berührungs‹-Programm durch. Das Krankenpflegepersonal wurde ermutigt, Patienten zu berühren, ihre Hände zu halten oder sie zu umarmen. Das Programm war so erfolgreich, daß die psychiatrischen Abteilungen es übernahmen. Ich erinnere mich noch an einen Patienten – einen Jungen –, der an zerebraler Paralyse litt und an den Rollstuhl gefesselt war. Als ich ihn traf, ging ich vor ihm auf die Knie und umarmte ihn. Plötzlich versuchte er zu sprechen, seine Augen füllten sich mit Tränen, und er preßte mich an sich. Das Personal erklärte, der Junge habe das erste Mal seit drei Jahren auf jemanden reagiert.«

»Das ist beachtlich«, sagte der junge Mann.

Dr. Young lächelte. »Im Fachbereich Psychologie waren sie von der Kraft der Berührung so fasziniert, daß sie vor ein paar Jahren ein weiteres Experiment durchführten. Dabei stand eine Frau an der Hauptstraße neben einer Telefonzelle und bat die Vorübergehenden, ihr Geld zum Telefonieren zu wechseln. Nur wenige waren bereit, ihr zu helfen. Aber als die Versuchsperson den Arm der Menschen berührte, die sie um Hilfe bat, waren die meisten von ihnen – Männer wie Frauen – bereit, ihr zu helfen.

Sie sehen an diesem Beispiel, wie wichtig Berühren, Umarmen und Händehalten ist, wenn wir Liebe geben und bekommen möchten. Es verändert uns körperlich, geistig und seelisch.«

Der junge Mann nickte und blickte rasch zur Seite, als er daran dachte, wie wenig körperlichen Kontakt er mit seiner Familie und seinen Freunden hatte, wie selten er sie umarmte. Er pflegte seiner Mutter einen flüchtigen Kuß auf die Wange zu geben und seinem Vater die Hand zu schütteln. Aber in diesen Berührungen lag keine wirkliche Wärme, keine Zuneigung.

»Es ist nicht leicht, andere zu berühren oder sie zu umarmen«, sagte er.

»Warum?« fragte Dr. Young. »Sie brauchen nur Ihre Arme zu öffnen. Das kann jeder.«

»Ja, gut. Aber man weiß nie, wie der andere reagieren wird. Er könnte abweisend oder aggressiv werden.«

»Ein weiterer Grund für Sie, die von Ihren Mitmenschen errichteten Barrieren niederzureißen. Vergessen Sie nicht: Liebe erfordert Mut. Sie müssen bereit sein, Zurückweisung und Leid zu riskieren. Aber in den meisten Fällen werden Sie gewinnen. Die Menschen werden sich Ihnen öffnen. Wo kämen wir hin, wenn alle darauf warteten, daß jemand den ersten Schritt macht?

Sie brauchen nur Ihre Arme auszubreiten und den anderen willkommen zu heißen, dann werden Sie feststellen, wie sich Ihr eigenes Herz öffnet. Sie werden die durch die Macht der Berührung entzündete Kraft der Liebe erfahren.«

Am Abend las der junge Mann in seinen Notizen:

DAS FÜNFTE GEHEIMNIS DER LIEBE – DIE KRAFT DER BERÜHRUNG

Die Berührung ist einer der stärksten Liebesbeweise. Sie reißt Barrieren nieder und verbindet Menschen.

Berührungen verändern Körper und Gemüt und machen uns für die Liebe empfänglicher.

Eine Berührung kann den Körper heilen und das Herz wärmen.

Wenn wir unsere Arme ausbreiten, öffnen wir unser Herz.

Das sechste Geheimnis
DIE KRAFT DES LOSLASSENS

ZWEI TAGE SPÄTER saß der junge Mann in einem kleinen Café in der Innenstadt Judith Renshaw gegenüber, die auf seiner Liste an sechster Stelle stand.

Mrs. Renshaw, eine junge Frau Anfang Dreißig, verheiratet und Mutter zweier Kinder, war eine hochgewachsene Frau mit einer guten Figur. Sie war nicht gerade das, was man eine klassische Schönheit nennt, aber sie hatte ein hübsches Gesicht: große, haselnußbraune Augen, eine kleine Stupsnase und ein entwaffnendes Lächeln.

»Vor elf Jahren hörte ich zum ersten Mal von den zehn Geheimnissen der Liebe«, erklärte sie. »Ich machte gerade eine schlimme Zeit durch. Mein Freund und ich hatten uns erst kurz zuvor nach nur einem Jahr getrennt, in dem wir uns sehr häufig getroffen hatten. Als er mir sagte, seiner Meinung nach sollten wir uns nicht mehr sehen, war ich am Boden zerstört. Ich konnte weder essen noch schlafen und hatte in der Firma Schwierigkeiten, mich auf meine Arbeit zu konzentrieren. Ich nahm derart ab, daß einige Leute mich nicht mehr wiedererkannten. Selbst einen Monat nach der Trennung noch fiel es mir schwer, sie zu akzeptieren.

Eines Tages, als ich auf einer Bank am Kirchplatz saß, kam ein alter Chinese und setzte sich neben mich. Er zog eine kleine Papiertüte aus der Tasche und fütterte die Tauben. Sie kamen in Scharen, um die Brotstückchen aufzupicken, die er ihnen zuwarf. Bald schon umlagerten uns Hunderte von Tauben. Er drehte sich zu mir um und begrüßte mich. ›Mögen Sie Tauben?‹ fragte er. Ich zuckte mit den Schultern. ›Nicht besonders‹, erwiderte ich. ›Aber soviel ich sehe, mögen Sie sie.‹

Er lächelte. ›Als ich noch ein Kind war, lebte in meinem Dorf ein Taubenzüchter. Der Mann war sehr stolz auf seine Vögel und erzählte seinen Freunden immer wieder, wie sehr er sie liebte. Eines Tages zeigte der Mann mir und anderen Kindern seine Tauben. Ich verstand nicht, warum er seine Vögel in Käfigen hielt – wenn er sie liebte –, wo sie weder ihre Flügel ausbreiten noch fliegen konnten. Also fragte ich ihn danach. Er antwortete: ,Wenn ich sie nicht in Käfige sperren würde, könnten sie davonfliegen und mich verlassen.‘ Ich begriff immer noch nicht. Wie kann man etwas lieben und es gegen seinen Willen in einem Käfig halten? In meinem Land gibt es ein Sprichwort: ,Wenn du etwas liebst, laß es frei. Wenn es zu dir zurückkommt, gehört es dir; wenn nicht, war es nie dein.'‹«

Der junge Mann holte Kugelschreiber und Notizblock hervor und machte sich Notizen, während Mrs. Renshaw fortfuhr.

»Ich wurde das Gefühl nicht los, daß die Geschichte des alten Mannes eine Botschaft für mich barg, obwohl der alte Chinese unmöglich etwas von meiner Lage wissen konnte. Aber seine Geschichte ähnelte zu sehr der meinen. Damals versuchte ich gerade mit allen Kräften, meinen Freund dazu zu bringen, zu mir zurückzukommen. Ich hatte immer geglaubt, alles sei in Ordnung, solange mein Freund bei mir blieb. Doch jetzt, in der Rückschau, denke ich, daß ich einfach nicht allein sein wollte. Und das ist keine Liebe, oder? Nur die Angst vor der Einsamkeit.

Der Alte wandte sich wieder den Tauben zu, während ich über seine Worte nachdachte. Dann sagte ich, manchmal sei es nicht leicht, jemanden loszulassen, den man liebt. Er nickte. ›Aber wenn Sie ihn nicht loslassen können, lieben Sie ihn nicht‹, erwiderte er. Wir unterhielten uns eine Weile darüber, und er erwähnte die zehn Geheimnisse der Liebe, die mir allzu phantastisch vorkamen. Ich war immer der Meinung gewesen, daß die Liebe entweder zu unserem Schicksal gehörte oder nicht.

Ich konnte nicht glauben, daß wir Macht über Liebe und

liebevolle Beziehungen hatten. Erst später verstand ich, daß wir selbst die Seiten im Buch des Lebens beschreiben. Das Schicksal wird weniger von den Sternen als vielmehr von unseren Gedanken, Entscheidungen und Handlungen bestimmt.

Ich hatte zum Beispiel immer angenommen, daß ich in einer liebevollen Beziehung die Freuden der Liebe erfahren würde. Aber es ist genau umgekehrt: Wenn wir die Freuden der Liebe erleben, entstehen dadurch liebevolle Beziehungen.

Bevor der alte Mann mich verließ, gab er mir ein Blatt Papier ...«, fuhr Mrs. Renshaw fort.

»Auf dem zehn Namen und Telefonnummern standen?« unterbrach der junge Mann sie.

Mrs. Renshaw lächelte. »Genau. Ich rief die Personen der Reihe nach an und erfuhr so mehr über die zehn Geheimnisse der Liebe. Aber das erstaunlichste war – sie funktionierten.«

»Wie?« fragte der junge Mann.

»Nun, ich glaube, allein schon das Wissen, daß ich etwas ändern konnte, daß ich das Schicksal lenkte und nicht sein Opfer war, half mir sehr.

Jedes dieser Geheimnisse half mir auf seine Art weiter, doch am hilfreichsten war für mich die Kraft des Loslassens.

Liebe läßt sich nicht erzwingen. Wir müssen die Menschen, die wir lieben, freilassen, sonst sind wir nicht besser als der

Taubenzüchter. Wenn wir jemanden lieben, müssen wir ihm die Freiheit schenken: die Freiheit, seine eigenen Entscheidungen zu treffen, die Freiheit, so zu leben, wie er will – nicht so, wie wir es wollen.

Es ist nicht immer leicht, jemanden loszulassen, den man liebt. Aber es gibt keinen anderen Weg. Wenn Sie es nicht tun, werden Sie am Ende verbittert, wütend und deprimiert sein. Aber ich spreche hier nicht allein vom Loslassen am Ende einer Beziehung. Wir müssen auch *in* einer Beziehung loslassen können.«

»Das verstehe ich nicht«, sagte daraufhin der junge Mann. »Warum soll man in einer Beziehung den anderen loslassen wollen?«

»Weil wir Raum brauchen. Man muß in einer Beziehung frei sein. Sonst fühlt man sich gefangen. Wenn wir jemanden wirklich lieben, müssen wir seine Wünsche und Bedürfnisse respektieren.

Wenn wir uns an jemanden klammern, können wir ihn mit unseren Gefühlen ersticken. Und wir klammern meistens, weil wir eifersüchtig, unsicher oder ängstlich sind, nicht aus Liebe.«

»Also meinen Sie mit loslassen – freilassen?« fragte der junge Mann.

»Ja. Aber das ist noch nicht alles. Wir müssen nicht nur das

Klammern aufgeben, wir müssen alles loslassen, was ein Hindernis auf dem Weg zur Liebe darstellt.«

»Zum Beispiel?« wollte der junge Mann wissen.

»Nun, zum Beispiel unsere Vorurteile, unsere Meinungen über andere.«

»Ich weiß nicht, ob ich Sie richtig verstehe. Können Sie mir das genauer erklären?« bat der junge Mann und schaute von seinem Notizblock auf.

»Wenn wir ein Vorurteil gegen einen bestimmten Menschen oder eine Gruppe von Menschen haben, beeinflußt dieses Vorurteil natürlich unser Verhalten ihnen gegenüber. Wir können ihnen schwerlich liebevoll begegnen, wenn wir auf unserem Vorurteil beharren. Ein Vorurteil haben heißt, sich eine Meinung über jemanden zu bilden, bevor man ihn kennt. Die meisten Vorurteile sind falsch, lächerliche Verallgemeinerungen über eine bestimmte Sorte von Menschen. Es ist unglaublich, wie viele Vorurteile es gibt …«

»Zum Beispiel …?«

»Zum Beispiel: ›Alle Schwarzen sind Verbrecher‹, oder: ›Alle Iren sind dumm‹, oder: ›Alle Frauen sind schlechte Autofahrer‹, oder: ›Alle Juden sind habgierig‹, oder: ›Alle Christen sind Antisemiten‹. Das ist alles Unsinn! Unsinn, der uns davon abhält, liebevoll zu sein.

Und dann müssen wir unser Ego loslassen. Nur wenigen Menschen ist bewußt, daß ihr Ego eines der größten Hindernisse auf dem Weg zur Liebe ist.«

»Wie das?« fragte der junge Mann.

»Wie viele Menschen kennen Sie, die sich über Nichtigkeiten streiten? Das Streitobjekt ist möglicherweise völlig belanglos, doch streiten sie bis zum bitteren Ende – bis sie vergessen haben, worüber sie sich eigentlich streiten! Sie wollen recht behalten – selbst wenn sie dadurch ihre Beziehung zerstören.«

»Aber manchmal muß man seine Mitmenschen zurechtweisen, oder?« sagte der junge Mann. »Man sollte ihnen sagen, wenn sie sich irren.«

»Ja, manchmal muß man anderen etwas erklären, seinen Standpunkt klarmachen«, erwiderte Mrs. Renshaw, »besonders bei Dingen, die einem sehr wichtig sind. Doch wenn es nicht von Bedeutung ist, wer recht hat, weshalb dann Zeit und Energie verschwenden? Was gewinnen wir denn bei einer Auseinandersetzung, außer der Bestätigung, daß wir recht haben und der andere unrecht? Sie sollten sich stets fragen, ob es darauf ankommt, was der andere von Ihnen glaubt. Und ob diese Bestätigung die Zerstörung der Beziehung wert ist. Falls die Antwort auf beide Fragen ›nein‹ ist, weshalb dann noch streiten?«

Der junge Mann erkannte die Logik in dem Gesagten. Es war so einfach. Er krümmte sich innerlich bei dem Gedanken an die unzähligen Male, bei denen er sich mit Freunden und Kollegen über Nichtigkeiten gestritten hatte.

»Wie heißt es doch so schön«, fuhr Mrs. Renshaw fort, »im Leben muß man sich manchmal entscheiden, ob man geliebt werden will oder recht behalten. Sie können sich bemühen, eine Auseinandersetzung zu gewinnen – oder Liebe. Falls die Liebe Ihnen wichtiger ist, brauchen Sie nicht zu beweisen, daß der andere in belanglosen Nichtigkeiten unrecht hat und Sie im Recht sind. Sie können loslassen.

Vergessen Sie nicht: Um zur Liebe zu gelangen, müssen wir alles loslassen, das ein Hindernis auf dem Weg zur Liebe darstellt. Unser Ego gehört dazu. Ich denke, die größten Hindernisse sind Wut, Groll und Bitterkeit.«

»Aber wie soll ich Wut und Groll loslassen?« fragte der junge Mann.

»Indem Sie vergeben. Wenn Sie unerschöpfliche Liebe erfahren möchten, müssen Sie vergeben können.«

»Aber ist es nicht besser, es dem anderen heimzuzahlen, sich zu rächen? Auge um Auge, Zahn um Zahn?«

»Wenn jeder dieser Philosophie folgen würde, wäre die Welt voller blinder und zahnloser Menschen. Groll zerstört unsere Lebensgeister, Vergeben befreit unsere Seele, befähigt sie zur Liebe.

Niemand auf Erden kann behaupten, vollkommen zu sein,

aber wenn wir lernen zu vergeben, können wir vollkommene Beziehungen aufbauen. Jeder von uns macht Fehler. Und wenn wir möchten, daß uns vergeben wird, müssen auch wir bereit sein zu vergeben. Selbst der gefühlloseste Verbrecher war einst ein unschuldiges Kind. Wer will behaupten, daß er besser geworden wäre, wenn er die Kindheit eines solchen Menschen gehabt hätte?

Natürlich ist das Loslassen nur eines der zehn Geheimnisse, von denen jedes einzelne wichtig ist. Doch die Kraft des Loslassens hilft uns, die Liebe dann zu bewahren, wenn wir sie am meisten brauchen.«

»Wollen Sie damit sagen, daß die Menschen ihre Wut oder ihre Ängste unterdrücken sollen?« fragte der junge Mann.

»Nein, natürlich nicht«, erwiderte Mrs. Renshaw. »Wut, Angst und Groll sind natürliche, menschliche Gefühle, die ihren Platz haben. Ich sage nur, daß wir, wenn wir Liebe erfahren möchten, bereit sein müssen, unsere negativen Gefühle loszulassen. An ihnen festzuhalten ist, als errichteten wir ein emotionales Gefängnis, das uns daran hindert, andere zu lieben.

Die Kraft des Loslassens half mir nicht nur vor Jahren, den Schmerz über die Trennung von meinem Freund zu überwinden, sondern auch später. Ich kann mich noch genau an den Tag erinnern, an dem mein Vater im Krankenhaus starb. Er hatte Krebs im letzten Stadium und große Schmerzen. Es war der traurigste Tag meines Lebens. Ich wollte weder, daß er starb, noch, daß er Schmerzen litt. Tief im Inneren wußte ich, daß Liebe manchmal heißt, loszulassen.«

Am Abend las der junge Mann seine Notizen durch. Erinnerungen übermannten ihn: die Trennung seiner Eltern, als er gerade sechs Jahre alt gewesen war, die gescheiterten Beziehungen der letzten Jahre. Nach dem Treffen mit dem alten Chinesen war ihm bewußt geworden, daß er nicht nur Angst vor dem Alleinsein hatte, sondern sich auch davor fürchtete, sich zu binden. Er konnte nicht mehr auf die Art weitermachen – er mußte die Bürde der Vergangenheit abwerfen. Es war an der Zeit, den Schmerz und die Angst loszulassen und jeden Tag neu anzufangen. Aber wie? Er warf einen Blick auf die Notizen, die er sich während des Besuches bei Dr. Puchia gemacht hatte, und entdeckte eine Möglichkeit, wie er der Vergangenheit und den negativen Überzeugungen entkommen konnte – durch Affirmationen!
Und plötzlich fiel ihm, wie durch ein Wunder, eine Affirmation ein: »Heute lasse ich all meine Ängste los. Was früher war, hat keine Macht über mich. Heute fange ich ein neues Leben an.«
Er schrieb die Affirmation unter die Notizen, die er sich bei

seinem Treffen mit Mrs. Renshaw gemacht hatte, und las sie ein weiteres Mal durch:

DAS SECHSTE GEHEIMNIS DER LIEBE –
DIE KRAFT DES LOSLASSENS

Wenn du etwas liebst, laß es frei. Wenn es zu dir zurückkommt, gehört es dir, wenn nicht, war es nie dein.

Selbst in einer liebevollen Beziehung braucht jeder Partner seinen Freiraum.

Wenn wir lernen möchten, wie man liebt, müssen wir zuerst lernen, wie man vergibt, um den vergangenen Schmerz und die vergangenen Kränkungen loszulassen.

Liebe bedeutet, unsere Ängste, Vorurteile, unser Ego und unsere Wenn und Aber loszulassen.

»Heute lasse ich all meine Ängste los. Was früher war, hat keine Macht mehr über mich. Heute fange ich ein neues Leben an.«

Das siebte Geheimnis

DIE KRAFT DER KOMMUNIKATION

»DEN MEISTEN MENSCHEN fällt es nicht schwer zu lieben, sondern diese Liebe mitzuteilen, sie auszudrücken. Wenn wir
Liebe erfahren, wenn wir liebevolle Beziehungen leben
möchten, dann müssen wir bereit sein, über unsere Gefühle
zu sprechen. Das war auch für mich das größte Problem. Deshalb gehört die Kraft der Kommunikation für mich zu den
größten Geheimnissen der Liebe.«

Der junge Mann saß neben der siebten auf der Liste aufgeführten Person, Chris Palmer. Mr. Palmer war Taxifahrer, ein
kleiner, schlanker Mann um die Fünfzig, mit silbergrauen
Haaren und hellblauen Augen. Es war Mittag. Die beiden
Männer saßen auf einer Bank direkt neben dem Taxistand
und aßen Sandwiches.

»Am erstaunlichsten war, daß mir mein Problem erst nach
dem Gespräch mit dem alten Chinesen bewußt wurde«, erklärte Mr. Palmer. »Es war schon spät. Ich war auf dem Weg
nach Hause, als er mich heranwinkte. Er fragte, ob ich ihn

zum Bahnhof bringen könne, er müsse den 22.20-Uhr-Zug nach York erreichen. Obwohl es ein kleiner Umweg war, willigte ich ein. Wir unterhielten uns über dies und das, nichts Besonderes, das übliche eben: über die neuesten Nachrichten, das Wetter, über Sport. Aber dann, ich weiß nicht, wie, kamen wir auf die Themen menschliche Beziehungen und Liebe zu sprechen. Ich erklärte ihm, er solle mich mit der Liebe in Ruhe lassen, meine Frau und ich machten gerade eine schlimme Zeit durch, und ich hätte keine Lust, darüber nachzudenken. Da sagte er etwas, das mich stark beeindruckte: ›Eine der größten Krankheiten, die die Menschheit plagt, ist die Unfähigkeit, miteinander zu kommunizieren.‹

Was er damit meine, wollte ich wissen. Er schaute mich an und sagte: ›Ich kenne einen Mann, der sich nicht daran erinnern kann, wann er seiner Frau das letzte Mal gesagt hat, daß er sie liebt. Er weiß nicht einmal, wann er ihr für alles, was sie für ihn tut, gedankt hat. Dieser Mann hält sich für sehr stark, aber er besitzt nicht einmal den Mut, seiner Frau zu sagen, daß er sie liebt. Können Sie sich das vorstellen?‹

Ich konnte es mir vorstellen, denn seine Beschreibung schien genau auf mich zu passen. ›Aber seine Frau weiß doch sicher, daß er sie liebt?‹ fragte ich.

›Vielleicht‹, erwiderte er, ›vielleicht auch nicht. Vielleicht muß sie von Zeit zu Zeit daran erinnert werden. Es ist unglaublich, was ein ‚Danke' oder ein ‚Ich liebe dich' bewirken. Es gehört zur menschlichen Natur, wir brauchen das Gefühl, anerkannt und gemocht zu werden.‹

›Darüber habe ich noch nie nachgedacht‹, sagte ich. Er schaute mich an: ›Es ist eines der zehn Geheimnisse der Liebe – die Kraft der Kommunikation.‹

Ich hätte ihn gern um eine Erklärung gebeten, aber wir waren an unserem Ziel angelangt. Der alte Mann stieg aus, drehte sich um und sagte: ›Danke für die Fahrt. Sie sind ein ausgezeichneter Fahrer. Es war ein Vergnügen, von Ihnen chauffiert zu werden.‹ Mir fehlten die Worte. In all den Jahren als Taxifahrer hatte sich noch nie jemand so herzlich bedankt und mir Komplimente über meinen Fahrstil gemacht.

Als er bezahlte, sagte er: ›Nochmals vielen Dank.‹ Als ich das Geld zählte, stellte ich fest, daß er mir das doppelte Fahrgeld gegeben hatte. Ich rief ihm nach, er habe zuviel bezahlt. Er drehte sich um, sagte ›nein‹ und ging davon.

Dann sortierte ich die Geldscheine und entdeckte zwischen ihnen einen Zettel, auf dem stand: ›Die zehn Geheimnisse der Liebe‹ und darunter zehn Namen und Telefonnummern. Ich sprang aus dem Taxi und lief hinter dem alten Mann her, weil ich dachte, der Zettel sei für ihn wichtig. Ich lief geradewegs zum Informationsstand, um zu fragen, auf welchem Gleis der 22.20-Uhr-Zug nach York abfahre, in der Hoffnung, den alten Mann dort abfangen zu können. Der Beamte schaute auf seinen Fahrplan und erklärte mir dann, ich müsse mich geirrt haben – es gäbe keinen 22.20-Uhr-Zug nach York! Der nächste Zug nach York fahre am nächsten Morgen.

Am nächsten Tag rief ich alle Personen der Liste des alten Mannes an und machte die überraschende Entdeckung, daß jeder von ihnen den alten Mann und die zehn Geheimnisse der Liebe kannte. In den folgenden Wochen traf ich mich mit jeder einzelnen der aufgeführten Personen und erfuhr durch sie mehr über die Geheimnisse. Anfangs war ich sehr skeptisch, aber die Geheimnisse funktionierten tatsächlich. Sie veränderten mein Leben – insbesondere die Kraft der Kommunikation.

Haben Sie beispielsweise gewußt, daß Menschen mit Beziehungsproblemen, nach dem Grund dafür gefragt, immer die gleiche Antwort geben: Wir können nicht miteinander reden? Und sie haben recht: Wir erklären unserem Partner weder, wie wir uns fühlen, noch hören wir richtig zu. Viele Menschen unterhalten sich nicht einmal während der Mahlzeiten, sondern essen vor dem Fernseher. Wenn das jahrein, jahraus geschieht, hören wir auf, wirklich miteinander zu kommunizieren, was zur Folge hat, daß wir aufhören, einander wirklich zu lieben.«

Der junge Mann machte sich Notizen, während Mr. Palmer

fortfuhr: »Wenn wir lernen wollen zu lieben, müssen wir erst lernen zu kommunizieren. Ein Gebiet, auf dem ich nie sehr gut war. Ich behielt meine Probleme immer für mich und sprach selten über meine Gefühle. Einen Tag, nachdem ich den alten Mann getroffen hatte, beschloß ich, meiner Frau zu sagen, daß ich sie liebte. Ich wußte nicht mehr, wann ich es das letzte Mal zu ihr gesagt hatte. Ich setzte mehrmals an, aber aus irgendeinem Grund blieben mir die drei Wörter im Hals stecken. Schließlich holte ich tief Luft und stieß hervor: ›Ich liebe dich.‹ Meine Frau starrte mich entgeistert an. Sie war so verblüfft, daß sie mich bat, es zu wiederholen. Diesmal fiel es mir leichter. Ihre Augen füllten sich mit Tränen, sie schlang die Arme um mich und sagte: ›Ich liebe dich auch.‹

Mir ging es so gut, daß ich, obwohl es schon spät war, meinen Sohn anrief, der aufs College ging, um ihm zu sagen, daß ich ihn liebte. Ich glaube, ich habe diese drei Wörter das letzte Mal zu ihm gesagt, als er noch ein Kind war. Als er sich meldete, sagte ich: ›Ich habe nur angerufen, um dir zu sagen, daß ich dich liebe, Simon. Ich dachte, es wäre an der Zeit, es dich wissen zu lassen.‹ Nach kurzem Zögern fragte er: ›Hast du getrunken, Dad? Weißt du eigentlich, wie spät es ist?‹ Ich sagte: ›Tut mir leid, daß ich dich geweckt habe, mein Sohn. Ich bin völlig nüchtern. Ich wollte dich nur wissen lassen, daß ich dich liebe.‹ Darauf sagte er: ›Das weiß ich, Dad. Aber es ist schön, es zu hören. Übrigens – ich liebe dich auch. Kann ich noch ein wenig schlafen?‹

Einige Leute werden sagen, es sei Unsinn, daß drei Wörter so viel bewirken können, aber sie haben offenbar noch nicht versucht, sie auszusprechen.«

Der junge Mann atmete tief ein. Er gehörte zu diesen Menschen. Er konnte nicht einmal seiner Mutter sagen, daß er sie liebte, geschweige denn seinen Freunden.

»Wenn wir weder kommunizieren noch unsere Gefühle ausdrücken können«, fuhr Mr. Palmer fort, »sind wir auch nicht fähig, Liebe zu geben oder anzunehmen. Je länger ich darüber nachdachte, desto bewußter wurde mir, wie wichtig es ist. Ich überprüfte mein eigenes Verhalten und stellte fest, daß ich nicht nur niemandem sagte, daß ich ihn liebte, sondern auch selten Komplimente machte oder anderen Menschen gestand, wie sehr ich sie schätzte. Meine Frau wusch und bügelte seit zwanzig Jahren für mich, und ich habe ihr nicht ein einziges Mal dafür gedankt.

Und dann geschah etwas Erstaunliches: Sobald ich anfing, meine Gefühle auszudrücken und meine Frau und die Menschen in meiner Umgebung wissen ließ, wie sehr ich sie schätzte und sie mir am Herzen lagen – behandelten auch sie mich anders. Sie sagten mir, daß auch sie mich liebten und schätzten. Im Handumdrehen hatten sich all meine Beziehungen verändert – und das nur, weil ich offen und ehrlich kommunizierte.«

»Sie erwähnten, daß Sie Ihre Probleme niemals mit anderen geteilt haben«, sagte der junge Mann. »Ist das wichtig?«

»Ja. Ich bin froh, daß Sie mich daran erinnert haben. Liebe bedeutet Teilen und Kommunizieren. Aber das gilt nicht nur für Ihre Gefühle anderen gegenüber, sondern auch für Ihre eigenen Hoffnungen, Ängste und Probleme. Wenn Sie Ihre Gefühle tief in Ihrem Innersten verschließen, laufen Sie einerseits Gefahr, engherzig und depressiv zu werden, und nehmen andererseits damit auch den Ihnen nahestehenden Menschen die Möglichkeit, Ihnen Hilfe oder Mitgefühl anzubieten.«

Dem jungen Mann fielen die Worte des alten Chinesen ein: »Jedes Problem birgt ein Geschenk in sich, das unser Leben bereichern kann.« Mrs. Williams hatte dasselbe gesagt. Vielleicht steckt doch ein Körnchen Wahrheit darin, dachte er.

»Für mich besteht kein Zweifel mehr daran, daß Menschen, die Liebe erfahren und ihre Beziehungen verbessern wollen, lernen müssen, miteinander zu kommunizieren«, fuhr Mr. Palmer fort. »Erst wenn sie sich angenommen fühlen, können sie sich auch geliebt fühlen. Eine der wichtigsten Entdeckungen für mich war, daß Liebe nichts Starres, Unbewegliches ist. Viele Menschen glauben, sobald sie die Liebe gefunden haben, seien sie ein Leben lang glücklich. Aber die Liebe ist nicht statisch. Sie ähnelt einer Pflanze, die entweder wächst und blüht oder welkt und stirbt. Das hängt ganz davon ab, was wir für sie tun. Kommunikation ist das Wasser, ohne das keine Pflanze gedeiht.«

Der junge Mann schaute zur Seite, als er an die vielen Male dachte, da ihn seine Angst davon abgehalten hatte, den Menschen, die er liebte, zu sagen, wie sehr er an ihnen hing.

»Verstehe«, sagte der junge Mann. »Aber wie lernt man zu kommunizieren – vor allem, wenn man auf diesem Gebiet noch nie sehr gut war?«

»Ich war selbst nie ein guter Redner; deshalb half mir die Kraft der Kommunikation auch besonders gut«, sagte Mr. Palmer. »Aber ich versichere Ihnen, daß jeder lernen kann, wie man kommuniziert. Sie brauchen nur Ihre Ängste zu überwinden. Einige Menschen fürchten sich davor, albern zu klingen oder zurückgewiesen zu werden. Einer der besten Ratschläge, die man mir gab, lautete, mir folgendes vorzustellen: Sie liegen im Sterben und können anrufen, wen immer Sie wollen – wen würden Sie anrufen, was würden Sie sagen … und worauf warten Sie noch?

Denken Sie jedesmal, wenn Sie jemanden treffen, daran, daß es das letzte Mal sein könnte. Sagen Sie ihm alles, was Sie ihm sagen wollen, solange Sie es noch können. Zu den größten

Qualen des Lebens gehört das Bedauern, jemanden vor seinem Tod nicht gesagt zu haben, was wir für ihn empfanden oder wieviel er uns bedeutete.

Wir müssen miteinander kommunizieren, um zu verhindern, daß die Probleme in unserer Beziehung immer größer werden. Tatsächlich sind die meisten Beziehungsprobleme darauf zurückzuführen, daß einer oder beide Partner seine oder ihre Gedanken und Gefühle nicht ausdrücken können. Die Folge sind Groll und Wut – bis schließlich einem von beiden der Kragen platzt. Wenn wir lernen, miteinander zu reden, können wir mit den Problemen fertig werden, solange sie noch klein und relativ unbedeutend sind. Das wiederum bedeutet, sich dem geliebten Menschen zu erklären und zuhören zu können, wenn andere uns von ihren Gefühlen sprechen. Viele Menschen hören zwar, was andere ihnen sagen, nehmen es aber oft nicht richtig wahr.

Wenn wir nicht über unsere Gefühle sprechen können«, erklärte Mr. Palmer, »können wir auch keine Beziehung knüpfen. Es ist schwierig, sich mit einem Mädchen zu verabreden, ohne sie darum zu bitten, nicht wahr?«

Der junge Mann nickte und blickte zu Boden. Wie viele Gelegenheiten hatte er aus Angst, ein Mädchen anzusprechen, vorübergehen lassen? Er starrte geistesabwesend auf die Straße.

»Alles in Ordnung?« fragte Mr. Palmer nach einer Weile.

»Ja, es geht mir gut. Ich habe nur nachgedacht«, erwiderte der junge Mann und konzentrierte sich wieder auf Mr. Palmer.

»Wissen Sie«, sagte Mr. Palmer, »wenn wir lernen, zu kommunizieren und anderen unsere Erfahrungen und Gefühle offen und ehrlich mitzuteilen, dann verändert sich unser Leben. Es ist wie in der Geschichte von dem Mann, der sich im Wald verirrte.«

»Was ist das für eine Geschichte?« fragte der junge Mann.

»Nun, dieser Mann verirrte sich in einem Wald. Er hatte verschiedene Wege ausprobiert, immer in der Hoffnung, aus dem Wald herauszufinden, war aber stets wieder an seinen Ausgangspunkt zurückgekehrt. Es gab einige Wege, die er noch nicht kannte, und der müde und hungrige Mann setzte sich, um zu überlegen, welchen Weg er als nächsten ausprobieren sollte. Während er noch darüber nachsann, sah er plötzlich einen weiteren Wanderer, und er rief ihm zu: ›Können Sie mir helfen? Ich habe mich verirrt.‹ Der andere seufzte erleichtert auf und sagte: ›Auch ich habe mich verirrt.‹ Sie tauschten ihre Erfahrungen aus, und es wurde offensichtlich, daß jeder von ihnen einige Wege ausprobiert hatte. Sie konnten einander helfen, indem sie die falschen Wege mieden. Bald schon lachten sie über ihre Irrwege und wanderten gemeinsam durch den Wald, Müdigkeit und Hunger waren vergessen.

Das Leben ähnelt diesem Wald: Manchmal verirren wir uns, sind verwirrt. Aber wenn wir unsere Erfahrungen und Gefühle mit anderen teilen, scheint die Reise nicht mehr so schlimm zu sein. Und manchmal entdecken wir sogar bessere Wege, bessere Möglichkeiten.«

Am Abend las der junge Mann noch einmal die Notizen durch, die er sich vor Stunden gemacht hatte:

Das siebte Geheimnis der Liebe – Die Kraft der Kommunikation

Wenn wir lernen, offen und ehrlich zu sein, verändert sich unser Leben.
Jemanden zu lieben heißt, mit ihm zu kommunizieren.
Laß die Menschen, die du liebst, wissen, daß du sie liebst und schätzt. Fürchte dich nicht davor, diese drei Wörter zu sagen: »Ich liebe dich.«
Laß niemals eine Gelegenheit vorübergehen, andere zu loben.
Verabschiede dich von Menschen, die du liebst,

mit einem zärtlichen Wort – es könnte das letzte Mal sein, daß du sie siehst.

Wenn du im Sterben lägest und die Menschen, die du liebst, anrufen könntest, wen würdest du anrufen, was würdest du sagen … und worauf wartest du noch?

Das achte Geheimnis
DIE KRAFT DER VERPFLICHTUNG

AM NÄCHSTEN TAG traf sich der junge Mann mit Stanley Conran, der als achter auf der Liste stand. Conran war Direktor
einer großen Schule, die in einem heruntergekommenen Viertel mit einer hohen Verbrechens- und Arbeitslosenrate lag.
Die Häuser dort waren renovierungsbedürftig, die Läden mit
Brettern vernagelt, die Bürgersteige mit Müll übersät. Gewiß
kein Viertel, in dem der junge Mann hätte leben oder arbeiten
wollen. Doch als er den Schulhof betrat, war es, als trete er in
eine andere Welt ein. Die sauberen Wege zwischen den tadel-
los geschnittenen Rasenflächen und den bunten Blumenbee-
ten paßte nicht zu dem sichtbaren Verfall in diesem Viertel.
Man führte den jungen Mann in das Büro des Direktors. Mr.
Conran, ein großer, wohlbeleibter Mann mit dicken Bril-
lengläsern, die seine Augen klein erscheinen ließen, erhob
sich von seinem Stuhl und hieß den jungen Mann herzlich
willkommen.
»Hatten Sie Schwierigkeiten, uns zu finden?« fragte er.

»Nein, kein Problem«, erwiderte der junge Mann.

»Bitte setzen Sie sich«, sagte Mr. Conran. »Und dann erzählen Sie mir, wann Sie den alten Chinesen getroffen haben.«

»Vor ein paar Wochen«, antwortete der junge Mann. »Wer ist er eigentlich?«

»Ich weiß weder, wer er ist, noch, woher er kommt. Ich weiß nur, daß ich ohne ihn heute nicht hier wäre.«

»Wieso?« fragte der junge Mann neugierig.

»Ich traf den alten Mann vor rund zwanzig Jahren«, erklärte Mr. Conran. »Kurz vor Weihnachten, auf einer Bürofeier. Ich saß allein bei einer Flasche Wein. Plötzlich entdeckte ich einen kleinen, alten Chinesen neben mir. Ich bot ihm ein Glas Wein an, aber er lehnte dankend ab.

Wir unterhielten uns, und es dauerte nicht lange, da schüttete ich ihm mein Herz aus. Ich hatte das Gefühl, ins Nirgendwo zu schweben. Ich schien von einem Job zum anderen, von einer Beziehung zur anderen zu treiben. Plötzlich sprach er von den zehn Geheimnissen der Liebe. Ich hielt es erst für einen Witz, und am nächsten Morgen konnte ich mich nur noch schwach an unser Gespräch erinnern. Ja, ich glaubte einen Augenblick lang sogar, die ganze Sache nur geträumt zu haben. Doch als ich die Taschen meines Anzugs durchsuchte, fand ich einen Zettel, auf dem zehn Namen und zehn Telefonnummern standen.«

Der junge Mann lächelte. Die Geschichte kam ihm vertraut vor.

»Ich brauche wohl nicht zu sagen, daß die Neugier siegte. Ich wollte mehr über den alten Mann erfahren. Also rief ich die Leute an, deren Namen er mir aufgeschrieben hatte. Und sie klärten mich über die Geheimnisse der Liebe auf. In der Rückschau erkenne ich, wie diese Geheimnisse mein Leben beeinflußten. Durch sie veränderten sich mein Verhalten und meine Art zu leben völlig. Ich sah mich und meine Mitmenschen in einem ganz anderen Licht. Es war, als sei die Welt nicht mehr graubraun, sondern leuchtend bunt.«

Der junge Mann machte sich Notizen, während Mr. Conran seine Geschichte erzählte.

»Am meisten half mir damals die Kraft der Verpflichtung. Viele Menschen glauben, bei der Liebe gehe es allein um Romantik und Zuneigung, aber da ist noch so viel mehr. Bei der Liebe geht es auch um Verbindlichkeit und Verpflichtung.«

»Können Sie das genauer erklären?« fragte der junge Mann.

»Es ist ganz einfach: Wenn Sie wirkliche Liebe erfahren möchten, wenn Sie lieben und geliebt werden wollen, wenn Sie sich nach einer dauerhaften, liebevollen Beziehung sehnen, müssen Sie sich verpflichten. Ich begriff, daß keine meiner Beziehungen von Dauer gewesen war, weil ich fürchtete, mich festzulegen.«

»Warum?« fragte der junge Mann.

»Ganz einfach: Ich hatte Angst!«

Ein Wort, das der junge Mann in den vergangenen Wochen mehr als einmal gehört hatte. Ihm fielen die Worte des alten Mannes ein: »Angst ist das größte Hindernis auf dem Weg zur Liebe.« Und es schien ihm, als ginge es bei den Geheimnissen der Liebe vor allem darum, Angst zu überwinden, Angst vor Zurückweisung, Angst, sich lächerlich zu machen, Angst vor Verlust.

»Ich glaube, es rührte noch aus meiner Kindheit her«, erklärte Mr. Conran. »Meine Eltern ließen sich scheiden, als ich zehn Jahre alt war, und ich habe den Schmerz der Trennung gesehen und gefühlt. Ich habe niemals ein gefestigtes und sicheres Heim oder Familienleben erlebt. Ich denke, das spielte eine Rolle bei meinem Problem, mich auf nichts festlegen zu können, weder auf einen Job noch auf eine Hypothek oder Beziehung.

Ich wußte damals noch nicht, daß eine dauerhafte, liebevolle Beziehung erst dann möglich ist, wenn man bereit ist, eine Verpflichtung einzugehen. Wenn Sie jemanden wirklich lieben, sind Sie ihm und Ihrer Beziehung zu ihm verpflichtet. Sie achten darauf, daß Sie immer für ihn da sind und ziehen ihn stets allem anderen vor. Ich glaube, wenn wir etwas wollen«, fuhr Mr. Conran fort, »und besonders dann, wenn wir

Liebe wollen, müssen wir versuchen, unsere Ängste zu überwinden, und bereit sein, uns jenen Dingen und Menschen zu verpflichten, die uns lieb und teuer sind.

Wissen Sie, der Mangel an Verbindlichkeit ist ein weitverbreitetes Problem. Denn wenn Sie in der Vergangenheit Zurückweisung, Spott oder Schmerz erfahren haben, werden Sie natürlich zu vermeiden versuchen, diese Erfahrung noch einmal zu machen. Darum entscheiden sich Menschen, die verletzt wurden, unbewußt dafür, sich nicht zu eng an einen anderen Menschen zu binden. Sie sind nicht bereit, die Schmerzen von Trennung und Verlust auf sich zu nehmen. Ihre Angst vor dem Schmerz ist größer als ihr Verlangen nach Liebe.

Und so leben sie in einer grauen, lieblosen Welt, wo sie zwar niemals den Schmerz des Verlustes, aber auch nie die Freuden der Liebe erleben. Schließlich töten sie ihre Gefühle ab und entscheiden sich für ein Leben in stummer Verzweiflung, in dem Wissen um die Liebe, aber voller Furcht vor den Risiken und vor dem Schmerz des Verlustes.«

»Aber sie haben doch recht, oder?« wandte der junge Mann ein.

»Nein. Eigentlich nicht. Sie gleichen Kindern, die sich nichts zu Weihnachten wünschen, weil sie es verlieren könnten. Meiner Meinung nach ist die Unfähigkeit der Menschen, sich verbindlich auf jemanden einzulassen, einer der Hauptgründe für Beziehungsprobleme.«

»Was wollen Sie damit sagen?« fragte der junge Mann.

»Jede Beziehung hat ihre Höhen und Tiefen, ihre guten und schlechten Zeiten.«

Der junge Mann nickte.

»Für eine Beziehung ist es wichtig, wie wir mit diesen Höhen und Tiefen umgehen. Wenn beispielsweise bei jeder Auseinandersetzung ein Partner dem anderen droht, ihn zu verlassen, wird die Beziehung früher oder später auseinandergehen, weil beide Partner sie als entbehrlich betrachteten. Sie fühlten sich der Liebe nicht verpflichtet.

Soll eine Beziehung wirklich gut funktionieren, muß sie für beide Partner absolut verbindlich sein – wichtiger als Karriere oder Finanzen, wichtiger als Autos und Kleidung. Kurz, die Trennung darf niemals in Erwägung gezogen werden. Und wie hitzig es in einer Auseinandersetzung auch oft zugehen mag – keiner der beiden Partner sollte mit der Trennung drohen. Denn wenn die Trennung eine, wenn auch nur ferne, Möglichkeit wird, werden sich Schwierigkeiten ergeben.

Einer Sache verpflichtet zu sein – sei es einem Job, einer Beziehung oder einer Fußballmannschaft – bedeutet, selbst bei größten Schwierigkeiten keine Trennung zu erwägen. Das

Problem ist, daß wir uns manchmal einfach nicht verpflichtet fühlen und deshalb aufgeben.

Jeder Mensch sehnt sich nach Liebe und einer liebevollen Beziehung. Doch die Frage ist: ›Wie verpflichtet fühlen Sie sich, liebevoll zu sein? Wie sehr sind Sie daran interessiert, diese ganz besondere Beziehung zu finden?‹«

»Das verstehe ich nicht. Was meinen Sie damit?« fragte der junge Mann und schaute von seinem Notizblock auf.

»Lassen Sie es mich einmal so fragen: Sind Sie engagiert genug, um sich Ihren Ängsten vor Zurückweisung und Versagen zu stellen und das Nötige zu tun, um Liebe in Ihrem Leben zu ermöglichen? Wenn Sie Liebe und eine Liebesbeziehung erleben möchten, brauchen Sie sonst nichts zu tun. Deshalb sollten Sie sich zu Beginn einer Beziehung stets fragen: ›Bin ich diesem Menschen, dieser Beziehung verpflichtet?‹

Sehen Sie, Verbindlichkeit und Verpflichtung sind wesentliche Bestandteile des Lebens. Schließlich sagt eine liebende Mutter ihrem Kind nicht: ›Ich liebe dich heute, aber ich weiß nicht, wie ich morgen empfinde.‹ Nein, sie liebt ihr Kind ein Leben lang, in guten wie in schlechten Zeiten. Schwierigkeiten entstehen nur, wenn wir diese Verpflichtung nicht eingehen, wenn wir überhaupt keine Verpflichtungen eingehen können. Lassen Sie es mich an einem Beispiel verdeutlichen: Ich kenne zwei Männer, die jeder eine Frau und Kinder ha-

ben. Der eine verbringt seine Zeit im Büro oder auf dem Golf-
platz, der andere suchte sich eine Arbeit, die ihm Zeit für Frau
und Kinder ließ. Nun, man braucht nicht besonders intelligent zu sein, um zu erraten, welcher von beiden liebevoller
ist.«

»Sie meinen also«, erwiderte der junge Mann, »daß man fähig
sein muß, sich den Dingen, die einem wichtig sind, zu verpflichten, wenn man eine liebevolle Beziehung und Stabilität
im eigenen und im Leben der Menschen haben möchte, die
man liebt und die einen lieben.«

»Ich hätte es nicht besser ausdrücken können«, sagte Mr.
Conran und lächelte. »Kurz zusammengefaßt könnte man sagen: Liebe und liebevolle Beziehungen müssen für Sie wichtiger sein als alles andere. Die Verbindlichkeit macht den Unterschied aus zwischen jemanden lieben und jemanden mögen. Ich erinnere mich noch gut an ein Fernsehinterview mit
einem US-Senator, bei dem er seine Erfahrungen während
des Zweiten Weltkrieges beschrieb. Er hatte ernste Rücken-
verletzungen erlitten. Während er nun die Geschichte erzählte, füllten sich seine Augen mit Tränen: ›Mein Vater‹, sagte
er, ›reiste drei Tage lang mit der Bahn, um mich zu sehen. Er
war alt, hatte eine schwere Arthritis in den Beinen, und doch
stellte er sich drei Tage lang in diesen Zug.‹ Die Stimme des
Senators zitterte. ›Er … er muß schreckliche Schmerzen ge-

habt haben. Als er ankam, waren seine Knöchel geschwollen und mit Blasen bedeckt – aber er hat es geschafft.‹

Das ist Verbindlichkeit! Aber Millionen von Eltern bringen täglich Opfer, damit es ihren Kindern gutgeht. Bei ihnen haben die Bedürfnisse und Wünsche der Kinder Vorrang vor allem anderen. Der Grad der Verbindlichkeit gehört zu den Prüfsteinen der wahren Liebe. Es ist ganz einfach: Wenn Sie sich einem Menschen nicht verpflichtet fühlen, lieben Sie ihn nicht.«

»Interessant«, sagte der junge Mann. »Und es gibt keine Ausnahme von der Regel?«

»Mir fällt keine ein. Das bringt mich darauf zurück, daß ich den Lehrerberuf aus ganz bestimmten Gründen ergriff. Wie gesagt, ließ ich mich durchs Leben treiben, keiner Sache und keinem Menschen verpflichtet. Nachdem ich den alten Mann getroffen und die zehn Geheimnisse der Liebe kennengelernt hatte, beschloß ich, meinem Leben einen Sinn zu geben, etwas Nützliches zu tun und die Kenntnisse, die mir so sehr geholfen hatten, mit anderen zu teilen.

Ich habe diese Tätigkeit nur unter Bedenken angenommen«, gestand Mr. Conran. »Damals, vor zwanzig Jahren, hatten wir mit schrecklichen Schwierigkeiten zu kämpfen. Einige der Kinder nahmen oder verkauften Drogen, auf dem Schulhof und auf der Straße vor der Schule fanden täglich Bandenkämpfe statt, die meisten Kinder konnten kaum lesen, wenn sie die Schule verließen. Und genau deshalb wollte ich hierherkommen.«

»Warum wollten Sie auf einer solchen Schule unterrichten?« fragte der junge Mann.

»Wegen der Herausforderung. Ich wollte bei diesen Kindern etwas bewirken. Ich habe einmal einen Bericht über ein Forschungsprojekt gelesen, das in einem der schlimmsten Slums in Baltimore durchgeführt wurde. Ein Soziologie-Professor der dortigen Universität ließ seine Studenten die Schulen des Slums besuchen und anschließend eine Bewertung der Zukunft eines jeden Kindes schreiben. Alle Berichte kamen mit dem Vermerk ›Aussichtslos‹ zurück.

Fünfundzwanzig Jahre später entschloß sich ein anderer Soziologie-Professor zu einer Folgeuntersuchung und setzte seine Studenten auf die Spur der damaligen Kinder an, um in Erfahrung zu bringen, was in der Zwischenzeit aus ihnen geworden war.

Zwanzig der damaligen Schüler waren fortgezogen und konnten nicht ausfindig gemacht werden, aber von den restlichen 180 Kindern hatten 176 Karriere gemacht. Sie waren Anwälte, Ärzte und angesehene Akademiker geworden. Der Professor war darüber so verblüfft, daß er die Angelegenheit weiter untersuchte. Er nahm Kontakt zu jedem einzelnen von ihnen auf und fragte sie: ›Wer ist für Ihren Erfolg verantwortlich?‹ Und alle sagten: ›Meine Lehrerin.‹

Ihre Lehrerin lebte verblüffenderweise noch. Trotz ihrer fast neunzig Jahre war sie eine robuste Frau mit einem wachen Verstand. Der Professor stattete ihr einen Besuch ab und fragte sie, wie sie es geschafft habe, 176 von 180 Kindern eines völlig heruntergekommenen Viertels zu erfolgreichen Menschen zu erziehen.

›Ganz einfach‹, erwiderte die alte Lady mit einem schelmischen Grinsen. ›Ich habe diese Kinder geliebt!‹

Diese Geschichte schlug eine Saite in mir an«, erklärte Mr. Conran. »Sie inspirierte mich dazu, dem Beispiel dieser wunderbaren Lehrerin zu folgen. Ich wußte, daß man mit der Kraft der Verpflichtung alles erreichen konnte. Also ging ich wieder zur Universität, um Lehrer zu werden. Danach unterrichtete ich in Slum-Schulen. Anfangs war es nicht leicht, und manchmal wollte ich aufgeben. Aber ich erinnerte mich stets daran, daß Aufgeben keine Alternative ist, wenn man sich einmal verpflichtet hat.

Und jetzt haben wir, wie Sie sehen, eine Schule, auf die wir stolz sein können. Diese Kinder haben zumindest die Möglichkeit, im Leben erfolgreich zu sein, und das nicht wegen einer speziellen Ausbildung, sondern weil wir uns um sie kümmern, weil wir sie lieben und uns verpflichtet fühen, ihnen dabei zu helfen, ihr wahres Potential auszuschöpfen.«

Am Abend las der junge Mann noch einmal die Notizen durch, die er sich während des Gesprächs mit Mr. Conran gemacht hatte:

DAS ACHTE GEHEIMNIS DER LIEBE –
DIE KRAFT DER VERPFLICHTUNG

Wenn du Liebe erleben möchtest, mußt du dich ihr verpflichtet fühlen, und diese Verbindlichkeit wird in deinen Gedanken und Taten ihren Ausdruck finden.
Der Grad der Verbindlichkeit ist der Prüfstein der wahren Liebe.
Wenn du liebevolle Beziehungen erleben möchtest, mußt du dich liebevollen Beziehungen verpflichtet fühlen.
Wenn du dich jemandem oder etwas verpflichtet fühlst, ist Aufgeben keine Alternative.
Der Grad der Verbindlichkeit unterscheidet eine lockere von einer festen Beziehung.

Das neunte Geheimnis

DIE KRAFT DER LEIDENSCHAFT

AM NÄCHSTEN TAG saß der junge Mann im Büro von Peter Serjeant, dessen Name als neunter auf der Liste stand. Mr. Serjeant leitete eine große Werbeagentur. Vom seinem im obersten Stockwerk gelegenen, weitläufigen Eckbüro aus hatte man einen herrlichen Ausblick auf den Südosten der Stadt.

»Vor zehn Jahren hörte ich das erste Mal von den zehn Geheimnissen der Liebe«, erklärte Serjeant. »Ich erinnere mich so deutlich, als sei es gestern passiert. Es muß gegen acht Uhr abends gewesen sein. Ich war noch im Büro, hatte meinen Schreibtisch aufgeräumt und dachte gerade darüber nach, wie ich meiner Frau beibringen sollte, daß ich mich von ihr scheiden lassen wollte. Das ging mir schon seit Wochen im Kopf herum. Es hatte eine Zeit gegeben, in der wir uns wahnsinnig geliebt hatten, aber wo und wann dann alles anfing schiefzulaufen, weiß ich nicht. Gab es einen genauen Zeitpunkt, an dem unsere Liebe endete – einen Augenblick, eine Stunde, einen Tag? Ich wußte es nicht. Ich wußte nur, daß wir jedes

Gefühl füreinander verloren hatten und schließlich aufhörten, es zu suchen. In unserer Ehe fehlte die Liebe, wir lebten nur noch nebeneinander her. Selbst an den Wochenenden verbrachten wir kaum Zeit miteinander. An jenem Abend beschloß ich, der Scharade ein Ende zu machen. Trennung war die einzige Lösung.

Während ich darüber nachdachte, ging die Tür auf, und ein Reinigungsmann, ein alter Chinese, kam hereinspaziert, während er Beethovens Fünfte Symphonie pfiff.«

Der junge Mann lächelte.

»Ich fragte ihn, was ihn so glücklich mache. Er erwiderte: ›Man kann nicht anders als glücklich sein, wenn man verliebt ist.‹ – ›Verliebt?‹ fragte ich, ›sollten Sie aus dem Alter nicht schon heraus sein?‹ – ›Liebe‹, sagte er, ›hält mich jung und lebendig.‹ – ›Das muß ein großartiges Gefühl sein‹, sagte ich. ›Stimmt.‹ Er grinste. ›Aber ich bin sicher, daß jemand wie Sie weiß, wie es ist, verliebt zu sein.‹ – ›Nun, ehrlich gesagt, es ist schon lange her, seit ich das letzte Mal verliebt war‹, erwiderte ich. ›Sie klingen wie einer meiner Freunde‹, sagte er. ›Ein Freund, der Probleme in seiner Ehe hat. Er möchte seine Frau verlassen.‹

Meine Kehle war wie zugeschnürt, und mein Brustkorb schien sich zusammenzuziehen, als der alte Mann fortfuhr: ›Er und seine Frau haben sich früher sehr geliebt, aber im

Laufe der Jahre lebten sie sich auseinander. Und wissen Sie, warum?‹ Ich schüttelte den Kopf. ›Weil sie die zehn Geheimnisse der Liebe vergessen haben!‹

Das war das erste Mal, daß ich von ihnen hörte. Der alte Mann erklärte mir, es gäbe zehn zeitlose Regeln, mit deren Hilfe wir Liebe und liebevolle Beziehungen im Überfluß erleben könnten.

Damals reagierte ich überaus skeptisch. Ich konnte nicht glauben, daß diese Geheimnisse – was immer sich auch dahinter verbergen mochte – mir bei meinen Eheproblemen helfen konnten. Soweit es mich betraf, war meine Ehe schon seit Jahren nur noch reine Gewohnheit. Aber ich hörte dem alten Mann zu, teils aus Höflichkeit, teils aus Neugier. Und ich muß gestehen, daß einiges von dem, was er sagte, recht vernünftig klang. Bevor er ging, gab er mir ein Blatt Papier, auf dem zehn Namen und Telefonnummern standen. Falls ich mehr über die Kraft der Geheimnisse der Liebe wissen wolle, sagte er, solle ich die aufgeführten Personen anrufen.

Ich steckte mir den Zettel in die Tasche, suchte meine Sachen zusammen und wollte gerade gehen, als die Tür noch einmal aufging und eine Putzfrau hereinkam. Ich erklärte, ihr Kollege habe bereits saubergemacht. Bei ihrer Antwort lief es mir kalt den Rücken herunter: Sie sagte, sie habe keinen Kollegen; sie reinige die Büros allein.

Ich rief sofort das Reinigungsunternehmen an, wo man mir erklärte, es gehöre kein alter Chinese zum Personal. Die ganze Geschichte war mir ein Rätsel. Das erste faszinierende Ereignis seit langem. Ich war derart gefesselt, daß ich es jemandem erzählen mußte. Ich rief meine Frau vom Büro aus an, etwas, das ich nur selten tat. Zuerst dachte sie, es sei etwas geschehen. Als ich ihr von meinem Erlebnis erzählte, war sie fast so aufgeregt wie ich. Ich fuhr nach Hause. Zum ersten Mal seit langer Zeit aßen wir gemeinsam und unterhielten uns dabei angeregt. Es war, als stünden wir am Anfang eines gemeinsamen Abenteuers, wir wollten beide herausfinden, wer der alte Chinese war, und etwas über die zehn Geheimnisse der Liebe erfahren.

In den folgenden Wochen trafen wir uns mit den Personen, deren Namen der alte Mann mir aufgeschrieben hatte. Und wir waren beide überrascht, wie die Geheimnisse sich auf unser Leben auswirkten. Ich hätte nie gedacht, daß so einfache Dinge so wichtig sein können. Alles mögliche geschah. Nicht nur verbesserte sich unsere Beziehung, und unsere frühere, innige Liebe stellte sich wieder ein, sondern darüber hinaus veränderten sich auch die Beziehungen zu unseren Freunden, unseren Familien. Und eines Morgens wurde mir nach dem Aufwachen schlagartig bewußt, daß ich wieder liebte – und nicht nur meine Frau. Ich liebte das Leben.«

»So dramatisch haben sich die Geheimnisse ausgewirkt?« wollte der junge Mann wissen.

»Ja. Sie gaben meinem Leben eine neue Dimension. Aber den stärksten Effekt auf mich hatte damals die Kraft der Leidenschaft.«

»Leidenschaft?« fragte der junge Mann ungläubig und blickte von seinem Notizblock auf. »Ich dachte, Liebe hätte nicht viel mit sexueller Anziehung zu tun?«

»Leidenschaft ist nicht auf Sex beschränkt«, erklärte Mr. Serjeant. »Leidenschaft bedeutet starkes Interesse am anderen, Begeisterung. Wenn man von jemandem oder etwas begeistert ist, ist man an ihm und seinem Wohlergehen interessiert. Die Leidenschaft zu verlieren heißt, die Liebe zu verlieren. Schließlich kann man schwerlich jemanden lieben, an dem man nicht mehr interessiert ist.«

»Stimmt«, erwiderte der junge Mann.

»Liebesbeziehungen sind auf Leidenschaft angewiesen«, erklärte Mr. Serjeant. »Deshalb fangen die meisten Beziehungen so gut an. Am Anfang sind sich die meisten Partner noch leidenschaftlich zugetan. Sie sind voneinander begeistert, aneinander interessiert. Doch leider hält eine rein sexuelle Leidenschaft nicht lange vor. Mit der Zeit langweilen wir uns, werden desinteressiert.

Leidenschaft ist der magische Funken, der die Liebe entzündet und sie lebendig erhält. Erlöscht dieser Funke, stirbt die Beziehung. Nicht plötzlich, sondern ganz allmählich. Zu Anfang einer Beziehung ist alles wunderbar, aber eines Tages wacht man auf und stellt fest, daß die Leidenschaft verschwunden ist und mit ihr die Liebe.

Genau das ist mir und meiner Frau passiert. Die Leidenschaft, die Magie, die Romantik waren aus unserer Ehe verschwunden.«

»Aber wie kann man sie wieder zurückholen?« fragte der junge Mann.

»Indem man sie neu schafft!« erwiderte Mr. Serjeant.

»Wie kann man Leidenschaft erschaffen?« fragte der junge Mann. »Ich dachte, es sei eine Sache der Körperchemie. Entweder ist da Leidenschaft oder eben nicht.«

»Leidenschaft ist einfach eine überwältigende Erregung, eine Begeisterung, die unser Interesse auf einen Menschen konzentriert«, erklärte Mr. Serjeant. »Sie kann von unserer Körperchemie oder von einer starken sexuellen Anziehung stimuliert werden. Aber körperliche Leidenschaft hält selten an und ist als Grundlage einer dauerhaften, liebevollen Beziehung ungeeignet. Unsere Gedanken und Gefühle rufen eine stärkere Leidenschaft hervor als die Körperchemie. Wenn wir an etwas interessiert, wenn wir von etwas angeregt oder begeistert sind, dann entwickeln wir eine Leidenschaft dafür. In einer Liebesbeziehung sollten wir uns daher immer jene Eigenschaften und Merkmale des Partners vor Augen halten, die uns interessieren und anregen.«

»Das klingt ja alles gut und schön«, sagte der junge Mann, »aber manchmal ist man an einem Punkt angelangt, an dem einen am anderen nichts mehr interessiert, geschweige denn anregt.«

»Dann müssen Sie eben etwas finden, das Sie an Ihrer Partnerin interessiert oder begeistert. Sonst verschwindet die Leidenschaft, und dann ist es unwahrscheinlich, daß Sie oder Ihre Partnerin in der Beziehung glücklich sind.«

»Vermutlich haben Sie recht«, sagte der junge Mann nachdenklich. »Die meisten meiner Beziehungen hielten nur kurz, weil ich mich rasch langweilte und das Interesse an meiner Partnerin verlor. Am Anfang ist alles frisch und neu und aufregend, aber je besser man den anderen kennenlernt, desto öder und langweiliger wird die Beziehung. Wie können wir diesen Kreislauf unterbrechen? Wie können wir unsere Leidenschaft lebendig erhalten?«

»Es gibt mehrere Möglichkeiten, die Leidenschaft in einer Beziehung neu zu entfachen«, erklärte Mr. Serjeant. »Sie können zum Beispiel frühere Situationen nachspielen, bei denen Sie Leidenschaft empfanden: mit Ihrer Partnerin das Hotel aufsuchen, in dem Sie Ihre Flitterwochen verbrachten, oder einen Tisch in dem Restaurant bestellen, in dem Sie Ihr erstes Rendezvous hatten.

Sie können die Beziehung durch spontane Einfälle beleben, Ihrer Partnerin gelegentlich eine nette Überraschung bereiten, Dinge tun, die sie lachen und lächeln lassen ... sie wird sich gewiß revanchieren und Dinge tun, die Sie wiederum schmunzeln lassen. Und bald schon steckt Ihre Beziehung voller Überraschungen. Meine Frau und ich achten zum Beispiel darauf, daß wir wenigstens einmal im Monat ausgehen.

In einem Monat entscheide ich, was wir unternehmen – meine Frau weiß bis zum letzten Augenblick nicht, wohin wir gehen –, im nächsten Monat ist meine Frau an der Reihe, mich zu überraschen. Wir haben uns geschworen, um jeden Preis an unsren Überraschungstagen festzuhalten, was auch geschehen mag.

Nachdem ich von der Kraft der Leidenschaft erfahren hatte, tat ich bewußt Dinge, von denen ich wußte, daß meine Frau sie schätzte: Ich kaufte ihr kleine Überraschungsgeschenke, verbrachte mehr Zeit mit ihr und interessierte mich stärker für ihr Leben.«

»Wollen Sie damit sagen, daß das Leben Ihrer Frau Sie früher nicht interessiert hat?« fragte der junge Mann.

»Anfangs ja, aber dann wurde alles Routine. Ein Tag glich

dem anderen. Ich glaube, im Laufe der Jahre vertrieb die Monotonie jede Leidenschaft aus unserer Beziehung. Ich war so sehr mit anderen Dingen beschäftigt – meiner Karriere zum Beispiel –, daß ich dem Leben meiner Frau kaum Aufmerksamkeit schenkte. Ich fragte sie nicht, wie ihr Tag gewesen, was sie getan, wohin sie gegangen war. Doch sobald ich mich wieder für sie und ihr Leben zu interessieren begann, wurde auch das Interesse meiner Frau an mir und meinem Leben stärker. Es war wie eine Lawine.

Wir brauchen, wenn wir glücklich sein wollen, Dinge und Menschen, für die wir uns begeistern, die uns interessieren. Wir können von unserer Arbeit, unseren Überzeugungen und unseren Freizeitaktivitäten begeistert sein – aber am meisten sollten uns jene Menschen interessieren, die uns wichtig sind. Liebe und Glück entspringen ein und derselben Wurzel. Alles, was wir tun müssen, ist, jeden einzelnen Tag voller Leidenschaft zu leben.«

Später las der junge Mann seine Notizen noch einmal durch:

DAS NEUNTE GEHEIMNIS DER LIEBE –
DIE KRAFT DER LEIDENSCHAFT

Leidenschaft entzündet die Liebe und hält sie lebendig.

Dauerhafte Leidenschaft entsteht nicht nur durch körperliche Anziehung, sondern aus tiefer Verbindlichkeit, aus Begeisterung, Interesse und Aufregung.

Man kann die Leidenschaft neu beleben, indem man frühere Erlebnisse nachspielt, bei denen man Leidenschaft empfand.

Spontaneität und Überraschungen erzeugen Leidenschaft. Liebe und Glück entspringen der gleichen Wurzel, wir brauchen nur jeden Tag voller Leidenschaft zu leben.

DIE KRAFT DES VERTRAUENS

ES WAR RUND einen Monat her, daß der junge Mann den alten Chinesen getroffen und das erste Mal von den zehn Geheimnissen der Liebe gehört hatte. Und es bestand kein Zweifel daran, daß sein Leben sich positiv verändert hatte ... aber er war immer noch allein, hatte immer noch nicht die Richtige gefunden, und es gab immer noch Augenblicke, in denen er sich fragte, ob er sie jemals finden würde. Er wollte so gerne glauben, daß es dort draußen jemanden gab, eine, die auf ihn wartete. Aber er war sich nicht sicher.

Doris Coopers Name stand als letzter auf der Liste des jungen Mannes. Mrs. Cooper, eine ältere Frau, lebte in einem kleinen Bungalow in einem zwanzig Kilometer nördlich der Stadt gelegenen Dorf. Der junge Mann fuhr am frühen Nachmittag zu ihr. Er brauchte fünfundvierzig Minuten für die Fahrt.

Mrs. Cooper arbeitete trotz ihrer 87 Jahre immer noch als Eheberaterin. Sie war eine lebhafte Frau, voller Energie und sichtlich sehr engagiert in ihrer Tätigkeit. Sie erinnerte den jungen Mann stark an den alten Chinesen. Mrs. Cooper hatte ein offenes Lächeln und klare, aquamarinblaue Augen, die funkelten und vor Gesundheit strahlten. Etwas an ihr kam dem jungen Mann vertraut vor. Er war sicher, sie schon einmal gesehen zu haben, konnte sich aber nicht daran erinnern, wo.

Mrs. Cooper hieß den jungen Mann mit offenen Armen willkommen. »Vielen Dank, daß Sie hergekommen sind«, sagte sie. »Ich hoffe, Sie hatten eine gute Fahrt.«

»Ja. Ich habe weniger als eine Stunde gebraucht«, antwortete der junge Mann.

»Bitte kommen Sie herein. Fühlen Sie sich wie zu Hause«, sagte Mrs. Cooper und ging voraus ins Innere des Bungalows.

»Sie kommen mir bekannt vor«, sagte der junge Mann. »Haben wir uns schon einmal gesehen?«

»Nicht daß ich wüßte«, erwiderte Mrs. Cooper. »Ich schreibe gelegentlich Artikel für Frauenzeitschriften.«

Mrs. Cooper führte den jungen Mann in ihr Arbeitszimmer, das auch als privater Beratungsraum diente. »Möchten Sie etwas trinken?« fragte sie. »Wir haben Apfel- und Orangensaft und verschiedene Sorten Tee – was Sie wollen.«

»Danke. Einen Orangensaft, bitte«, sagte der junge Mann.

Mrs. Cooper ließ den jungen Mann allein, um die Getränke zu holen. Der junge Mann schaute sich um und war beeindruckt von den Bücherregalen, die zwei ganze Wände einnahmen. Bei den meisten Titeln ging es um Psychologie, Beziehungen und Liebe. Im Zimmer herrschten zarte Pfirsich- und Aprikosentöne vor, da waren ein großer Eichenschreibtisch, ein Sofa und drei bequeme Sessel. Die freien Wände schmückten Gemälde von Sonnenuntergängen und Meeresansichten, und an der Stirnwand des Zimmers hing eine große Plakette, deren Aufschrift der junge Mann nicht entziffern konnte. Er wollte gerade aufstehen, um sie sich genauer anzuschauen, als Mrs. Cooper mit einem Tablett zurückkehrte, auf dem ein Krug mit Orangensaft und zwei Gläser standen.

Sie setzte sich in einen Sessel dem jungen Mann gegenüber und reichte ihm ein Glas Saft.

»Ich erfuhr vor fast fünfzig Jahren zum ersten Mal von den zehn Geheimnissen der Liebe«, erklärte sie.

»Damals war ich seit gerade zwei Jahren verheiratet, aber sehr unglücklich. Mir mißfiel es, lange von meinem Mann getrennt zu sein. Es mag lächerlich klingen, aber ich schmollte schon, wenn er einen Abend mit seinen Freunden verbringen oder am Wochenende Golf spielen wollte. Ich empfand das als Zurückweisung. Wir stritten uns ständig darüber: Ich fühlte mich zurückgewiesen, wenn er etwas ohne mich unternahm, und er sagte, ich ersticke ihn.

Die Krise kam an einem Wochenende während eines Kurzurlaubs an der Küste. Wir waren noch keine zehn Minuten im Hotel, als mein Mann bereits ein angeregtes Gespräch mit der Empfangsdame führte, einer sehr gutaussehenden Blondine. Das regte mich maßlos auf. Wir stritten uns in der Empfangshalle – ich kann sehr wütend werden. Dann stürzte ich hinaus. Ich marschierte über das Hotelgrundstück und entdeckte eine Bank, von der aus man einen Blick aufs Meer hatte. Ich setzte mich und weinte, weinte, weinte. Wir waren hierhergekommen, um zu versuchen, unsere Beziehung zu kitten, und es hatte keine zehn Minuten gedauert, da lagen wir uns wieder in den Haaren.

Ich weiß nicht, wie lange ich dort gesessen habe, als jemand fragte: ›Entschuldigen Sie, ist mit Ihnen alles in Ordnung?‹ Ich drehte mich um. Ein alter Chinese stand neben mir.

Ich murmelte: ›Es geht mir gut. Danke.‹

Er schaute aufs Meer und sagte: ›Ist es nicht schön?‹ Ich blickte auf und sah, wie sich der Himmel am Horizont scharlachrot färbte. Ein wunderschöner Anblick. Aber ich war nicht in der Stimmung, den Abendhimmel zu bewundern. Ich war zu wütend. Und dann sagte der alte Mann: ›In meinem Land gibt es ein Sprichwort: Jede Erfahrung birgt in sich eine Lehre, die unser Leben bereichern kann.‹ Ich sagte nichts, aber er ließ sich dadurch nicht stören, sondern sprach weiter: ›Selbst

Beziehungsprobleme bergen eine Lehre in sich, wir müssen sie nur suchen.‹

Ich schaute den alten Mann an. Er mußte Zeuge der Auseinandersetzung gewesen sein, die ich mit meinem Mann gehabt hatte. ›Schauen Sie‹, begann ich, ›Sie haben gewiß die besten Absichten, aber ich …‹ – ›Ich hatte einmal eine Freundin‹, unterbrach er mich, ›eine sehr schöne Frau, die mit einem netten Mann verheiratet war. Anfangs waren sie ganz verrückt nacheinander, doch ein paar Jahre später begannen die Auseinandersetzungen – sie stritten sich fast täglich. Und wissen Sie, warum? Sie vertraute ihm nicht, und deshalb wurde sie besitzergreifend und eifersüchtig, wenn er einmal nicht in ihrer Nähe war oder mit anderen Frauen sprach. Was zur Folge hatte, daß er sich eingeengt und gefangen fühlte. Ihre Ängste vertrieben den Mann, den sie liebte.‹

›Warum hat sie das getan?‹ fragte ich und fuhr fort: ›Sie hatte bestimmt ihre Gründe.‹ – ›Nein. Ihr Mann hatte nichts Unrechtes getan. Sie war nur eine sehr unsichere Frau, was durchaus verständlich war. Ihr Vater war jeder Schürze nachgelaufen und hatte schließlich, nach einer Reihe von Affären, ihre Mutter verlassen. Der wichtigste Mann in ihrem Leben hatte sie und ihre Mutter verlassen, und so traute sie unbewußt keinem Mann mehr.‹

Mein Herz zog sich zusammen. Mir war, als erzähle der alte

Chinese meine Lebensgeschichte. ›Es ist schon seltsam‹, sagte er, ›daß Beziehungsschwierigkeiten oft in der Kindheit wurzeln.‹ – ›Da könnten Sie recht haben‹, pflichtete ich ihm bei. ›Unsere Kindheitserfahrungen prägen und beherrschen uns.‹ – ›Aber nur, wenn wir zulassen, daß die Vergangenheit uns beherrscht‹, sagte er. ›Das war die Lehre, die meine Freundin aus ihren Eheproblemen zog. Die Vergangenheit ist nicht die Zukunft. Wie auch immer unsere Vergangenheit ausgesehen hat, welche Erfahrungen wir auch gemacht haben mögen – wir besitzen die Macht der Veränderung.‹

Ich fragte ihn, ob seine Freundin es geschafft habe, sich zu ändern. Wurde ihre Ehe gerettet? Der alte Mann erwiderte, die Ehe sei nicht nur gerettet worden, die beiden Ehepartner liebten sich jetzt noch mehr als an ihrem Hochzeitstag. ›Wie ist ihr das gelungen?‹ fragte ich. ›Dank der zehn Geheimnisse der Liebe‹, antwortete er. Ich wußte nicht, wovon er sprach. Er gab mir einen Zettel. Ich warf einen Blick darauf und sah, daß zehn Namen und Telefonnummern darauf standen. Als ich wieder aufschaute, war der alte Chinese verschwunden.

Ich ging zur Rezeption, um herauszufinden, in welchem Zimmer der alte Chinese wohnte. Die Frau, mit der mein Mann sich unterhalten hatte, war noch im Dienst. Ich entschuldigte mich bei ihr für meinen Ausbruch, worauf sie mir erklärte, mein Mann habe sie nur gefragt, welches Restaurant sie ihm empfehlen könne. Er hatte vorgehabt, mich mit einem ganz besonderen Essen zu überraschen. Der alte Mann hatte recht: Schuld an meinen Problemen war die Unsicherheit.

Ich fragte sie, ob sie mir die Zimmernummer des alten Chinesen geben könne. Sie erklärte, unter den Hotelgästen befände sich kein Chinese. Und chinesische Angestellte hätten sie auch nicht.

Ich ging auf unser Zimmer. Mein Mann war immer noch aufgeregt. Ich entschuldigte mich für mein Verhalten und erklärte ihm, wie beschämt ich gewesen sei, als ich erfuhr, daß er mit der Empfangsdame nur gesprochen habe, weil er mich zum Essen hatte ausführen wollen. Ich berichtete ihm von meinem Treffen mit dem alten Chinesen und den zehn Geheimnissen der Liebe. Er sagte, etwas müsse sich ändern, so könne es nicht weitergehen – wir hätten uns in den vergangenen zwei Jahren fast nur gestritten.

Also rief ich in der Woche darauf die auf der Liste aufgeführten Personen an, um etwas über diese Geheimnisse zu erfahren und herauszufinden, ob das, was der alte Mann gesagt hatte, wirklich stimmte.«

»Was?«

»Daß wir alle die Macht haben zu verändern.«

»Und?« fragte der junge Mann.

»Es stimmt. Jedes einzelne Geheimnis der Liebe ist wichtig.

144

Sie alle helfen, Liebe entstehen zu lassen und liebevolle Beziehungen aufzubauen. Die Kraft des Vertrauens aber war für mich das wichtigste Geheimnis.«

»Die Kraft des Vertrauens?« wiederholte der junge Mann. »Was hat das mit Liebe zu tun?«

»Wir können jemanden, dem wir mißtrauen, nicht lieben.«

»Warum nicht?« fragte der junge Mann.

»Weil wir ohne Vertrauen argwöhnisch und ängstlich werden und immer ein wenig Angst davor haben, betrogen zu werden. Dadurch kann eine Beziehung unter einen unerträglichen Druck geraten – der eine Partner hat Angst, der andere fühlt sich gefangen.

Vergessen Sie nicht: Durch die Kenntnis und Anwendung der zehn Geheimnisse der Liebe erhöhen sich die Chancen für eine glückliche Ehe, denn Sie wissen um die Dinge, die Liebesbeziehungen förderlich sind. Sie werden nur jemanden heiraten und mit jemandem zusammenleben, wenn Sie sich ihm hundertprozentig verpflichtet fühlen. Ihre Partnerin wird sich schwerlich bedroht oder ungeliebt fühlen oder mißtrauisch sein, wenn Sie mit ihr kommunizieren oder ihr sagen, daß Sie sie lieben.«

»Sie meinen also, daß eine Beziehung zum Scheitern verurteilt ist, wenn man seinem Partner nicht vertrauen kann?« fragte der junge Mann.

»Ohne Zweifel. Wenn Sie nicht wissen, ob Sie mit einer Frau zusammenleben wollen, sollten Sie sich daher immer fragen: ›Vertraue ich ihr vollkommen und uneingeschränkt?‹ Falls Sie die Frage verneinen müssen, sollten Sie noch einmal über die Beziehung nachdenken, bevor Sie sich binden. Natürlich sollte auch Ihre Partnerin Ihnen vollkommen vertrauen.

Die wichtigste Lehre für mich war, daß Vertrauen ein wesentlicher Bestandteil aller liebevollen Beziehungen ist. Sie müssen nicht nur einem anderen Menschen vertrauen können, sondern auch Vertrauen in die Beziehung haben.«

»Was meinen Sie damit?« fragte der junge Mann.

»Nun, manche Menschen sind wegen des möglichen Endes einer Beziehung bekümmert. Sie denken: ›Das ist zu schön, um wahr zu sein. Es kann nicht von Dauer sein.‹ Aufgrund der hohen Scheidungsrate reagieren heutzutage viele Menschen nervös auf die Vorstellung zu heiraten. Sie sorgen sich schon um das Ende der Beziehung, bevor sie begonnen hat.«

Der junge Mann merkte, daß er errötete. Etwas Ähnliches hatte er vor Wochen dem alten Chinesen gesagt. Er räusperte sich. »Ja, aber sie haben doch gar nicht so unrecht, oder?«

»In welcher Hinsicht?« fragte Mrs. Cooper.

»Nun, die Scheidungsrate ist hoch, und die Chancen, eine glückliche Ehe zu führen, stehen nicht besonders gut.«

»Ja. Aber immer noch höher als die Chance, geschieden zu

werden. Wenn man dauernd an eine mögliche Scheidung denkt, wird sie nur wahrscheinlicher. Deshalb ist es wichtig, Vertrauen in die Beziehung zu haben und, was auch kommen mag, so zu handeln, als würde sie niemals enden.«

»Und das hilft?« fragte der junge Mann.

»Vergessen Sie nicht, daß Gedanken und Ängste Wirklichkeit werden können. Unsere Ängste spiegeln sich in unserem Verhalten wider, und so kreieren wir Probleme. Genau das geschah mit mir. Weil ich meinem Mann nicht vertraute, wurde ich wahnsinnig eifersüchtig und hätte ihn fast in die Flucht getrieben.«

»Verstehe«, sagte der junge Mann.

»Viele Menschen machen sich Sorgen um Probleme, die noch überhaupt nicht existieren. Das ist der Liebe und dem Glück nicht sehr förderlich. Die einzige Möglichkeit besteht darin zu lernen, wie man vertraut – sich selbst, seinem Partner, dem Leben. Ebenso wichtig ist es, sich vertrauenswürdig zu verhalten, damit der Partner keinen Grund zur Unsicherheit hat.«

»Aber wie soll man lernen, anderen zu vertrauen, wenn die Probleme in der Kindheit wurzeln?« fragte der junge Mann. »Da braucht man doch bestimmt eine jahrelange Therapie?«

»Das ist nicht nötig. Kommen Sie mit«, sagte Mrs. Cooper plötzlich und bedeutete dem jungen Mann, ihr zu folgen. Sie

ging zur gegenüberliegenden Wand und deutete auf die Plakette, die dem jungen Mann bereits aufgefallen war. Darauf
stand:

»Das Leben ändert sich, wenn wir uns ändern.«

»Dieser Satz gehört zu den wirksamsten, die ich jemals gelesen habe. Er bedeutet, daß wir nicht die Opfer unserer Vergangenheit sein müssen. Wir besitzen die Kraft, uns zu ändern. Es ist, wie der alte Mann sagte: ›Die Vergangenheit ist
nicht die Zukunft.‹ *Wir* schreiben das Buch des Lebens. Die
nächste Seite muß nicht der davor gleichen. Wir können ein
neues Kapitel beginnen. Die zehn Geheimnisse der Liebe be-
fähigen uns zur Veränderung! Ganz gleich, was in der Vergangenheit geschah, egal, ob Sie Beziehungsprobleme haben oder
Schwierigkeiten, liebevolle Beziehungen zu knüpfen – dank
der zehn Geheimnisse der Liebe können Sie es ändern.

Ich habe so viele Menschen kennengelernt, die über ihr
Single-Dasein verzweifelten und glaubten, niemals eine dauerhafte Liebesbeziehung knüpfen zu können. Und ich habe
Menschen getroffen, die sich in lieblosen, unglücklichen Beziehungen gefangen fühlten. Manchmal geben sie alle Hoffnung auf und verwandeln sich in enttäuschte, verbitterte
Zyniker. Sie sehen sich als Opfer und werden zu Opfern, sie
fühlen sich isoliert und einsam oder gefangen und hoffen darauf, daß eines Tages der oder die Richtige in ihr Leben treten

und alles ändern wird. Aber nur *sie selbst* können etwas ändern. Niemand sonst.«

Die Tür öffnete sich, und ein alter Mann in einem langen Mantel kam hereinspaziert. Mrs. Cooper stellte dem jungen Mann ihren Ehemann vor. Als dieser den Mantel auszog, fiel dem jungen Mann plötzlich wieder ein, woher er die beiden kannte.

»Jetzt weiß ich es«, sagte er und schnippte mit den Fingern. »Waren Sie beide nicht letzten Monat auf der Hochzeit von Mark Elkin und Sonia Spaid?«

Mr. Cooper hob erstaunt die Augenbrauen. »Ja. Warum fragen Sie?«

»Weil ich Sie dort gesehen habe. Ich sah Sie beide tanzen. Ich weiß noch, daß mir auffiel, wie verliebt Sie aussahen, und mich fragte, worin Ihr Geheimnis besteht.«

»Nun, jetzt wissen Sie es«, sagte Mrs. Cooper lächelnd.

»Dann müssen Sie auch den alten Chinesen gesehen haben«, sagte der junge Mann.

»Der alte Chinese war auf Marks und Sonias Hochzeitsfeier?« rief Mrs. Cooper aus.

»Ja. Ich habe ihn dort getroffen«, sagte der junge Mann.

Am späten Abend warf der junge Mann einen Blick auf seine Notizen.

Das zehnte Geheimnis der Liebe –
Die Kraft des Vertrauens

Vertrauen ist das Fundament jeder Liebesbeziehung. Fehlt es, wird der eine Partner argwöhnisch, ängstlich und furchtsam, während der andere das Gefühl hat, gefangen zu sein, zu ersticken.

Man kann jemanden erst dann vollkommen lieben, wenn man ihm vollkommen vertraut.

Handle so, als werde die Beziehung zu dem geliebten Menschen niemals enden.

Wenn du wissen willst, ob du die Richtige gefunden hast, frage dich: »Vertraue ich ihr vollkommen und uneingeschränkt?« Falls du es verneinen mußt, solltest du noch einmal gründlich darüber nachdenken, bevor du dich bindest.

Epilog

Der junge Mann schaute sich um. Die Hochzeitsfeier war nicht so imposant oder extravagant wie andere. Aber es herrschte eine prickelnde, freundliche Atmosphäre, und die rund hundert Gäste schienen sich zu amüsieren. Während die Band sich warmspielte, dachte der junge Mann an Marks und Sonias Hochzeitsfeier vor zwei Jahren zurück, bei der er den alten Chinesen getroffen hatte. Er mußte lächeln, als ihm einfiel, wie zynisch er damals über die Liebe gedacht und gesprochen hatte.

Er lächelte bei der Erinnerung an all die auf der Liste des alten Chinesen aufgeführten Menschen, die er der Reihe nach besucht hatte. Obwohl jeder einzelne aufrichtig und begeistert geklungen hatte, waren ihm Zweifel geblieben. Zweifel daran, daß die zehn Geheimnisse der Liebe auch bei ihm funktionieren würden. Bei anderen hatten sie es zweifellos getan – Menschen, die, wie er, nach Liebe und liebevollen Beziehungen gesucht hatten, einsamen, vom Leben enttäuschten Menschen, und Menschen, die sich in einer unglücklichen Beziehung gefangen fühlten.

Der junge Mann hatte die zehn Geheimnisse der Liebe in seinem kleinen Notizbuch zu drei Listen zusammengefaßt, die sich in unterschiedlichen Situationen anwenden ließen. Er hatte das Büchlein stets bei sich getragen, um in schwierigen Situationen nachschauen und anderen die Geheimnisse mitteilen zu können.

DIE ZEHN GEHEIMNISSE DER LIEBE –
WIE MAN LIEBE AUFBAUEN KANN

1. Wähle liebevolle Gedanken.
2. Lerne, dich selbst und andere zu respektieren.
3. Konzentriere dich auf das, was du geben, nicht darauf, was du nehmen kannst.
4. Um Liebe zu finden, mußt du erst einen Freund finden.
5. Umarme die Menschen. Öffne deine Arme, und du öffnest dein Herz.
6. Löse dich von Ängsten, Vorurteilen und Meinungen.
7. Sprich über deine Gefühle.

8. Engagiere dich – gib der Liebe höchste Priorität.
9. Lebe leidenschaftlich.
10. Vertraue anderen, vertraue dir und dem Leben.

DIE ZEHN GEHEIMNISSE DER LIEBE – WIE MAN SEINEN LEBENSGEFÄHRTEN ERKENNT

1. Besitzt er oder sie die physischen, emotionalen, intellektuellen und spirituellen Eigenschaften, die du von einem Lebensgefährten verlangst?
2. Respektierst du ihn oder sie?
3. Was kannst du ihm oder ihr geben, um seine oder ihre Bedürfnisse zu befriedigen?
4. Ist er dein bester Freund? Ist sie deine beste Freundin? Habt ihr gemeinsame Ziele, Werte und Überzeugungen?
5. Hast du, wenn ihr euch umarmt, das Gefühl, zu ihm bzw. ihr zu gehören?
6. Gebt ihr einander genügend Freiraum, um zu wachsen und zu lernen?

7. Könnt ihr offen und ehrlich miteinander reden?
8. Fühlt ihr euch eurer Beziehung verpflichtet?
9. Fühlst du dich stark und leidenschaftlich zu ihm oder ihr hingezogen? Bedeutet er bzw. sie alles für dich?
10. Könnt ihr einander vollkommen vertrauen?

DIE ZEHN GEHEIMNISSE DER LIEBE –
WIE MAN DIE LIEBE IN EINE BEZIEHUNG
ZURÜCKBRINGEN KANN

1. Denk nicht nur an deine eigenen Wünsche und Bedürfnisse, sondern auch an die deines Partners oder deiner Partnerin.
2. Lerne dich und deinen Partner oder deine Partnerin zu respektieren. Frage dich: ›Was schätze ich an mir?‹ und: ›Was schätze ich an meinem Partner, meiner Partnerin?‹
3. Konzentriere dich darauf, was du vielleicht nicht in die Beziehung einbringst, statt darauf, was du aus ihr herausziehen kannst.

4. Schließe Freundschaft mit deinem Partner, deiner Partnerin. Suche nach gemeinsamen Interessen, gemeinsamen Beschäftigungen.
5. Umarme und berühre deinen Partner und deine Partnerin liebevoll, breite die Arme für ihn oder sie aus.
6. Löse dich von der Vergangenheit. Vergib. Fang neu an.
7. Sprich offen und ehrlich über deine Gefühle.
8. Fühle dich eurer Beziehung verpflichtet. Gib deinem Partner oder deiner Partnerin höchste Priorität.
9. Erwecke die Leidenschaft in deiner Beziehung von neuem.
10. Lerne, deinem Partner bzw. deiner Partnerin und deiner Beziehung zu trauen, und handle, als würde sie niemals enden.

Während der junge Mann die zehn Geheimnisse der Liebe in sein Leben integrierte, stellte er gewisse Veränderungen fest. Nichts Offensichtliches, Greifbares. Keine Veränderungen an seinem Erscheinungsbild, nichts, worauf man mit dem Finger hätte zeigen können, aber trotzdem wichtige, tiefe Veränderungen.

Seiner Familie, seinen Freunden, selbst seinen Kollegen fiel sein verändertes Verhalten auf. Er begrüßte sie mit ausgebreiteten Armen und umarmte sie, statt ihnen förmlich die Hand zu schütteln. Und er sprach anders mit den Menschen, höflich, respektvoll, und schaute ihnen dabei in die Augen. Er nahm sich stets Zeit für andere und brachte ihnen echtes Interesse entgegen. Er achtete darauf, keinen Geburtstag zu vergessen, und Menschen anzurufen, die er lange Zeit nicht gesehen hatte, einfach nur, um »Hallo« zu sagen und sie wissen zu lassen, daß er an sie dachte. Am auffälligsten aber waren seine spontanen Handlungen der Freundlichkeit. Oft kaufte er einen Blumenstrauß und überreichte ihn auf der Straße wortlos einem Fremden, nur um dessen Verwirrung und Freude zu sehen. Es bereitete ihm schon Vergnügen, jemanden lächeln zu sehen.

Seine besten Freunde bemerkten, daß er nicht länger von dem Gedanken besessen war, die Richtige zu finden. Was sie nicht wußten, war, daß der junge Mann jetzt seine Aufmerksamkeit darauf konzentrierte, liebevoll zu sein, und er darauf vertraute, daß die Liebe zu ihm kommen und er seine Traumfrau zur rechten Zeit am richtigen Ort treffen würde.

Einige seiner Kollegen und Freunde fragten ihn nach dem Auslöser dieser Veränderungen. Hatte er einen neuen Glauben gefunden, war er zu Geld gekommen? Oder war er süch-

tig, nahm er stimmungsaufhellende Medikamente? Nur wenige glaubten ihm die Geschichte von dem alten Chinesen und
den zehn Geheimnissen der Liebe. Die jedoch, die ihm vor-
urteilslos zuhörten, riefen ihn stets Monate später an, um ihm
zu danken und zu berichten, wie die Geheimnisse ihr Leben
verändert hatten.

Und dann geschah plötzlich, wie aus heiterem Himmel, etwas
Wunderbares. Eines Abends rief eine junge Frau bei ihm an,
die um ein Treffen bat. Sie erklärte, seine Telefonnummer
von einem alten Chinesen bekommen zu haben. »Es geht um
die zehn Geheimnisse der Liebe«, sagte sie. Er traf sich am
nächsten Tag mit ihr und war augenblicklich von ihr fasziniert. Nicht nur wegen ihres warmherzigen Blicks oder ihres
ansprechenden Gesichts. Während sie sich unterhielten, spürte er, daß er endlich eine Gleichgesinnte getroffen hatte, jemanden, mit dem er offen über die Dinge sprechen konnte,
die ihn interessierten.

Und jetzt kam sie mit ausgestreckter Hand auf ihn zu, und
ihre äußerliche Schönheit entsprach der Güte und Schönheit
ihrer Seele. Alles schien in Zeitlupe abzulaufen. Er schaute
sie an, und es verschlug ihm den Atem, so sehr liebte er sie.
Diesen Augenblick würde er niemals vergessen: Zum ersten
Mal wußte er, was Liebe bedeutete.

Von diesem Augenblick hatte er immer geträumt. Doch bis zu dem Treffen mit dem alten Chinesen hatte er nicht geglaubt, daß sein Traum Wirklichkeit werden würde. Der junge Mann hätte liebend gern mit dem alten Mann Verbindung aufgenommen, um ihn wissen zu lassen, wie sehr er ihm geholfen hatte, sein Leben zu verändern. Wie gern hätte er ihn zu seiner Hochzeit eingeladen.

Die Gäste erhoben sich, jubelten und klatschten, als der junge Mann seine Frau bei der Hand nahm und sie auf die Tanzfläche führte. Er trug einen makellosen, hellgrauen Zweireiher. Aber alle Anwesenden hatten nur Augen für die Frau an seiner Seite, deren schlichtes, aber elegantes, schulterfreies weißes Satinkleid ihre natürliche Schönheit unterstrich.

Auf der Tanzfläche schauten sie einander an. Das Schreien und Pfeifen verstummte, als die Band ihr Lied spielte.

Der junge Mann schaute in die lächelnden Gesichter seiner Familie und der Freunde, die aufgesprungen waren, um ihnen zuzujubeln und zu klatschen. Als er sich im Saal umschaute, entdeckte er eine einsame Gestalt am Notausgang. Ja, er war es! Der alte Chinese lächelte.

Über den Autor:

Adam J. Jackson ist ein erfolgreicher Heilpraktiker und Autor. Er hat mehrere Bücher veröffentlicht. Jackson lebt mit seiner Frau und seinen beiden Kindern in der Nähe von San Francisco.